美丽的草原我的家

波音　曹燕　著

科学出版社

北京

图书在版编目（CIP）数据

美丽的草原我的家／波音，曹燕著. —北京：科学出版社，2018.6

　ISBN 978-7-03-057517-3

　Ⅰ . ①美… Ⅱ . ①波… ②曹… Ⅲ . ①内蒙古－概况

Ⅳ . ①K922.6

中国版本图书馆 CIP 数据核字（2018）第 110140 号

责任编辑：徐　烁／责任校对：彭　涛

责任印制：师艳茹／封面设计：倪　萍　八度出版服务机构

科学出版社 出版

北京东黄城根北街16号

邮政编码：100717

http://www.sciencep.com

北京汇瑞嘉合文化发展有限公司 印刷

科学出版社发行　各地新华书店经销

*

2018年6月第　一　版　　开本：787×1092　1/16

2018年6月第一次印刷　　印张：12

字数：206000

定价：49.80元

（如有印装质量问题，我社负责调换）

美丽的草原我的家

每一个内蒙古人都有很深厚的家乡情结，无论身在草原之上，还是远在万里之遥，想起内蒙古，心里都会涌起温热的情感，都会感受到迎面拂来的风，都会听到阿妈和少年们唱的那首脍炙人口的歌谣——《美丽的草原我的家》。

"骏马好似彩云朵，牛羊好似珍珠撒……美丽的草原我的家，水青草美我爱她，草原就像绿色的海，毡包就像白莲花。"每一句歌词都是一幅绝美的画面，都会引发草原儿子的思乡之情，也会让全国乃至全世界的旅游爱好者，对壮美的内蒙古大草原充满向往。

内蒙古是壮美的。这种壮美超越了四季。正如书中所写："真正的草原，十分惬意。真正的草原，它应该有风，有雪，有寒冷。"内蒙古的美是辽阔之美、包容之美、多样之美，内蒙古的四季都有着让人目不暇接的美，春天有杜鹃花海，夏天有大漠奇声，秋天的大兴安岭宛如一幅流动的油画，冬天穿越林海雪原，邂逅最静谧纯粹的童话。

内蒙古是有魂的。党的十九大报告已经明确提出：文化自信是一个国家、一个民族发展中更基本、更深沉、更持久的力量。游客中有很多人对民族文化感兴趣。文化是内蒙古旅游的灵魂，旅游是内蒙古文化传播的载体，挖掘、包装特色文化是提高内蒙古旅游核心竞争力的关键所在。

本书抛开了内蒙古旅游资源传统的景点化介绍方式，突出体现了文化内涵，将内蒙古之美通过一个个故事串联起来，文化最生动的载体就是"人"的故事，本书讲到了内蒙古少年骑马的故事、北方山林里敖鲁古雅驯鹿人的故事、第一代乌兰牧骑的故事……每一个故事都是娓娓道来，值得细细品味。

十九大报告指出：要坚定文化自信，推动社会主义文化繁荣兴盛。这是新时期新时代下我国发展的一大特色，是建设中国特色社会主义的一大任务。旅游是新时期下人们提高生活幸福指数的重要途径，将文化融入旅游，大力发展文化旅游，提升文化自信，推动文化旅游融合发展。美丽的草原我的家，内蒙古的草原文化是融合那达慕文化、蒙古马精神、乌兰牧骑精神为一体的文化旅游体验，是草原牧人的豪迈豁达，是真诚热情的待客之道。

延长旅游产业链，破题四季旅游发展，是近年来内蒙古旅游所面临的新挑战。抓好内蒙古的四季旅游，一是推动夏季旅游提档升级。突出抓好以草原旅游为主的夏季旅游。积极培育呼伦贝尔、锡林郭勒等草原旅游核心区，要突出文化特色，提升服务品质，增强参与性、互动性，开发深度游、体验游等草原旅游文化产品，把真正的草原美景、厚重文化和牧人生活呈现出来，使游客愿意来、待得住、有体验、有留恋。二是重点抓好冰雪旅游。美丽的草原我的家，冬天的草原银装素裹又是另一番壮美景色，大兴安岭、呼伦贝尔每年被冰雪覆盖的时间长达7个月。内蒙古几乎集合了中国各地的冰雪美景，辽阔的草原、连绵的群山，以及交错的河流、湖泊、沙漠形成了宽尺度、大视野的震撼画卷。阿尔山不冻河、布里亚特人家热情好客的阿妈、中国最后的使鹿部落、神秘的大兴安岭原始森林、与世隔绝的童话小村奇乾……冬季内蒙古的美景正越来越多地进入公众的视野。

四季旅游让内蒙古旅游活力四射，全域旅游则让内蒙古旅游提档升级，进入高质量发展的新时代。全域旅游所追求的不是旅游人次的增长，而是旅游质量的提升，以及人们生活品质的提升，全域旅游的创建步伐永无止境。在旅游公共服务体系建设中，内蒙古自治区将以全域旅游的方式推进建设景区、线路、城镇、乡村（牧区）等旅游产品，加强公共服务供给，加强全域旅游目的地营销和智慧旅游服务体系建设，不断提升游客的旅游体验满意度。中青旅联科策划的"北疆天路——消失72小时"自驾之旅，被赋予了特别的定义——"未知的旅行"，用自驾的方式真正地体验内蒙古全域的自然与人文，放下大都市中的淡漠、矛盾、烦恼……重燃对生活的热爱。

当然，内蒙古不只是有草原，东西直线距离2400公里①，南北跨度1700公里，散布着沙漠、森林、草甸、湖泊、石林、峡谷、戈壁……内蒙古不仅有风吹草低见牛羊，更以多姿的文化、丰富的景观串联起中国北疆的亮丽风景线。

---

① 1公里＝1千米。

内蒙古是内蒙古人的家，我们也希望，更多的游客"以内蒙古为家"。中国旅游市场正在发生深刻变化，旅游从"看"的阶段，到"玩"的阶段，进一步发展成为寻找一种新的生活方式的阶段。"每个人心中都有一片草原"，那代表城市之外，一种自由自在的、有人情味的、可以舒展身体和心灵的新生活。

有一首内蒙古的歌——《迷人的杭盖》，这样唱道："北方茂密的大森林，养育着富足和安详，露水升空造云彩，生机勃勃的杭盖。蔚蓝色的杭盖，多么圣洁的地方，满山野果随你采，只求不要改变我的杭盖。"在蒙语里，"杭盖"是一个有着蓝天、白云、草原、河流、山和树林的世界，这就是"美丽的草原我的家"。

（赵兰富 摄）

目录

一 迷人的杭盖

二 高高的兴安岭 醉倒的孩子

三 到额济纳去

长城北望草青黄

113

短章

135

额尔古纳河边的村。（向崎钢　摄）

草原上的孩子，活泼可爱。（ 包曙光　摄 ）

内蒙古地貌丰富，火山喷发形成的阿尔山天池。（张珺楠　摄）

祭祀敖包。（宝音　摄）

沙漠主要分布在内蒙古的中西部。

内蒙古冬季雪原上的马群。

（包曙光　摄）

草原上的额吉（阿妈）。（包曙光 摄）

扎鲁特旗民族服饰。（包曙光 摄）

草原上的湿地众多，蒙古族老人舍楞喂养的两只小蓑羽鹤。（包曙光 摄）

一

迷人的杭盖

真正的草原

它应该有雪

有风

有寒冷

（浦峰 摄）

草原上的冬天是什么样？我问刘敏阿姨，她1968年去东乌珠穆沁旗（简称东乌旗）插队，在内蒙古待了8年，对草原充满了感情。

她笑着说起他们年轻时的事。刚到草原的那年冬天，有一天下大雪还有风，四个知青合力把蒙古包搬到了一个山沟里，搬完家非常累，就早早躺下睡了。他们缩进被窝，一宿睡得很好，只感觉压得很严，一点不透风，很暖和。

一觉醒来，只见整个蒙古包亮晃晃的，再看全是雪。他们也全睡在雪底下，被雪埋得严严实实的，怪不得那么暖和呢。原来是他们偷了懒，没有压好蒙古包的底边。

草原的冬天很冷，零下三四十度很正常，牧民的冬装是大羊毛"得勒"（皮袍）、毡"嘎达"，用内蒙古当地的话说就是"皮裤套棉裤，必然有缘故"，只有皮制品才能够有效地挡风。当年，刘敏他们一帮知青到达秋天的草原，牧民们就提前给他们准备好了行头。

草原上经常刮风，最要命的是春季的风，一点不温柔，一刻不停地在刮。它刮走了太阳带来的那点温暖，刮得一片片云站不住脚。刮得猛，本来要飘下的雪变成急速奔跑的风吹雪，当地人管它叫"白毛风"。

在草原上，春季是令人头疼的季节，它让人提心吊胆，可它又让人期待，因为春季过去

冬季阿尔山一带的不冻河。（戴炜　摄）

就是夏天，就是美好季节的到来，它是黎明前的黑暗，是期待美好希望的最后坚持，草原上的人们对春季的感情是又爱又恨。崇拜大自然的草原蒙古人还认为，春季是"腾格里"（苍天）对大自然优胜劣汰的最后考验。刘敏阿姨说，蒙古人的博大胸怀就是由此而生的，他们能不坦然面对世间的一切吗？

在草原上的八年，八个四季的轮回将刘敏锻炼成了一个"合格的牧民"，这是当地人给她的评价。冬季，牧民选择草好、背风的山洼作为冬营盘，度过漫长的严冬；春天接完羊羔后，青草长出来了，就搬出住了6个月的冬营盘，换一块干净的地方作为春营盘，让羊羔健康成长；夏营盘就要找有水泡、水草好的地方，牲畜就可以自己吃草、自己找水喝，不需要牧民去操心，大家可以放松一下，所以牧区的那达慕大会就在这时举行；秋季是抓膘的季节，一般牧民要带羊群迁移到质量好的草场，让羊吃

上带草籽的草，抓好膘，以应对漫长的寒冬。

刘敏阿姨描述的草原四季非常吸引我，草原是一个生命体的成长轨迹，春夏秋冬，四季轮回。在我去了十多次内蒙古之后，内心的好奇也在不断增强，内蒙古不只有草原，内蒙古的四季也各有特色，为什么草原旅游必须要在夏季，铺陈到天边的草原，十分温顺的草原，虽然辽阔、壮丽、包容，但没有足够多的层次感和戏剧性。

白岩松是呼伦贝尔人，他笔下的故乡四季都那么深情动人，"表面上看呼伦贝尔的春天也很短，但其实它真够长。冬日将尽，白雪依然覆盖着大地，但是你要细心就会发现，已经有绿色的草蔓固执地长了出来；这个时候大河依然被冰雪覆盖，但是你要是有胆量走在上面，安静下来，你就会听到大河的深处，总会发出'咔咔咔'的声音，原来这是冰在化，而

白狼峰日出。（张珺楠 摄）

风依然会刮过每个人的脸庞"。而呼伦贝尔的秋天呢，"即便把赤橙黄绿青蓝紫加在一起也都有些词不达意"，另外，他还揶揄了一下香山红叶的单调。

摄影师张珺楠常年在内蒙古出差，他后来告诉我，其实他最喜欢内蒙古的冬季，作为一个摄影爱好者，他和几个朋友一起在凌晨五点爬上阿尔山驼峰岭等候日出，虽然非常冷，可是当黑暗中微微露出一线光，粉红色的天空中群星开始隐退，自然充满了激动人心的张力。

在布里亚特蒙古人家里，一碗奶茶驱走了严寒，一屉热腾腾的布里亚特包子，香到流油；在根河的丛林中自驾穿梭，不知下了多少天的雪，森林里连护林人的车辙都看不见，低头能找到的，有鸟儿的爪印，有野兽留下的各种尺寸不同的足迹，它们才是森林冰原上的主人啊。

张珺楠还参加过 2016 年的中国冷极节，在零下 30 多度的根河源国家湿地公园，在冰天雪地中品尝中国冷极第一锅，热乎乎的大铜锅涮羊肉，大家全副武装端着碗站在冰天雪地里等着那口锅沸腾，一半是火焰的热情，一半是冰水的豪迈。他最喜欢的一张照片是将一瓢热水泼洒出去，刹那间空中形成一圈剔透冰花的轨迹。

而我对一个场景印象最深，那是雪原上的一匹马，它的呼吸在凛冽的空气中形成一团团白色的烟雾，马的脖子、腹部、眼睫毛长成了白色的雾状丛林，有的马笼头冻上了冰溜子。冬天的内蒙古有宁静的永恒、残酷的严寒，还有迸发出的生机和热情。

"合格的牧民"刘敏，后来多次重返草原，有时候会在冬天或者春寒料峭的时候，"虽然冷，但很惬意。这才是真正的草原，它应该有雪，有风，有寒冷"。

泼水成冰已经成为内蒙古旅游的一项体验内容。（马超 摄）

每一只羊
都是独特的

沿着围栏行进的羊群。（浦峰　摄）

作为得力的接羊羔小能手，刘敏经常会在春天来到草原上，主要是帮着牧民接羊羔，那个时候的活多，非常需要人手。羊羔生下来的时候，要经常到羊群中去查看，在母羊舔完羊水后，给母羊做好记号，把小羊拿进羔棚，以防小羊冻死或被羊群踩踏，最多时一天夜里能下二三十只羊羔。

第二天对羔，即给这些小羊找到母羊，所以要做记号。刘敏也觉得很神奇，"牧民们天生有特殊的记羊能力，一般人看到那些羊都是一模一样的，但是牧民心里有一张自己家羊群的族谱，每一只都是独特的"。

不是所有的母羊都主动给自己的孩子喂奶，以前下过羊羔和母性好的母羊一般给它羊羔，它就带走了。有些母羊第一次做妈妈不会带羊羔，也有病弱的母羊不愿要孩子，就要单独把着母羊让小羊吃奶，这时就要唱劝奶歌，草原上年纪大一些的额吉都会唱这首歌，这首歌并没有歌词，陶爱格……陶爱格……如泣如诉、柔美哀伤的歌声唤起了母羊内心沉睡的母爱，它们用舌头舔干羊羔的乳毛，将羊羔揽入怀中，主动给小羊喂起奶来。

刘敏说，她经常在春寒料峭的时候回到草原，到她当年插过队的牧民家里搭把手，有时候朋友们会跟着她一起来草原体验生活，这是其他地方完全体验不到的草原生活，虽然辛苦，但是因为有自己的劳动体验而久久难忘。

现在的草原蒙古包度假村也有这样的旅游体验项目。集旅游、住宿、体验于一体的"蒙古汗城"就在锡林浩特到林西的公路沿线，当时主要是出于旅游交通便利的需要，整体布局是以电视剧《成吉思汗》登基大典的汗城为蓝本进行修建的。建造外观是蒙古包，实际上是混凝土结构的标间住宿房子，也是为了满足游客的需求。

蒙古汗城的投资不算小，蒙古包在草原上散落成一串，如果从空中俯瞰就像是草原上长出的蘑菇圈，一条砖石小路将各个蒙古包连接起来，道路缝隙之间长出了蓬蓬的青草。

游客如果想体验草原人家的生活，必须得早早出发，因为挤牛奶都是在清晨进行。清晨坐上电瓶车，穿过围栏后再把铁丝网拴上。夏天清晨的风拂过，草原上的草丛中满是露水，然后进入草原深处的"草原生活体验区"。

挤奶的时候绑住牛的两条后腿，一头母牛对应着一只牛犊。还有一个落单的牛犊，它的妈妈病死了，主人想让牛犊吸一下奶，可是动物灵得很，那个落单的牛犊想凑上来喝奶，就会被母牛一脚蹬开。

想体验挤牛奶并不是那么容易，看着容易学起来难，初次体验的完全不懂得怎么用力。而且奶牛认人，它记得每天来挤奶的额吉的味道，额吉几乎每天都穿着同样的衣服来，如果家里来了人帮忙，额吉会让人穿上自己的衣服，这也许是因为动物都会识别味道。额吉的双手在奶牛的四个乳头上来回用力揉搓下滑时，有生命强韧茁壮的美。

夏天的草好，一般来说一个早上能收获两大桶牛奶，透过一层纱布把牛奶倒进缸里搅拌、发酵，压在院子里的一块石板下做成奶酪，这是招待客人常见的吃食。在牧民家里做客，让客人先吃吃饱吃好的传统习惯依然保留。

捡牛粪是个巧活，牧民用夹子一夹一挑，牛粪就能轻轻跌入背上的筐子里，一般人很难做到，不过，多练习几次就能熟能生巧了。牧民会把风干的牛粪垒成围墙，方便冬天的时候烧火。就算草原上的生活与时俱进，几乎每个牧民家里都有摩托车或者汽车、风能或者太阳能，牧民住进了砖房，甚至有的建了专门的车库，但是牛粪依然是草原冬天最好的燃料，取自自然。

草原上的燃料还有应有尽有的羊粪蛋。早晨得用牛粪点着火，烧完茶后，趁着底火红时倒进一簸箕冻羊粪蛋，羊粪蛋会从底部先烘干，"轰"地一下从底下燃烧起来，火力很大。由于放得多，它一层层烘干，一层层燃烧，很耐烧。

最有意思的是做奶豆腐，把加热的酸奶放入锅里煮，让酸奶和水分离，锅里的酸奶慢慢会僵化、发黏，用勺子不停地搅动，特别有韧劲，像棉花糖一样。最后把奶豆腐倒入准备好的木制模具里，使其硬化。刚出锅的奶豆腐热腾腾的、软绵绵的，散发出浓郁的奶香，偷偷挑一点放进嘴里，感觉像小时候得到嘉奖时的香甜。

草原中间已经有一条车压出来的土路，车轮没有压到的中间部分还长着草，坐在电瓶车上，两侧的草原不断后退，世界开阔入怀。以前总觉得这种形式有些表演性，这一次我似乎豁然开朗了，草原那么包容，人心为什么要设置障碍？

"草原生活体验区"中牧民的日常生活照常进行，并没有因为游客的到来而被打乱。挤牛奶做奶豆腐、储存牛粪好过冬、套马杆驱赶羊群、熬奶茶款待客人……当地牧民穆仁说，"你们不要以为这是表演，我们牧民的生活就是这样的"。

时代当然在改变，现在每个嘎查（村子）都有微信群，穆仁说，"如果谁家的马走丢了，就在群里说一声，我家的马什么什么颜色的，好几天没回家，微信群里一说，很快就找到啦"。

草原上博大自由的生活非常有诱惑力。巴特尔说，有个上海来的企业家，非常喜欢骑马，他买了一匹马寄养在牧民家，每年都会来，骑马骑上几个月，就像草原上的马倌一样。有时候就在草原上游走，从这家的牧场到那家的牧场，类似于当年的游牧走敖特尔（到较远的地方借用他乡的草场），骑到一户牧民家里就待几天，已经学会了简单的蒙语，休整之后继续出发。

这个上海人就这么往返于都市与草原之间，如同自由钟摆、候鸟迁徙，巴特尔开始以为他只是一时兴起，没想到他已经坚持了好几年，也许不是某种坚持，而是发自内心的向往，草原在召唤着他，游牧精神在一个当代都市人身上得到了呼应和延展。

"草原生活体验区"的一户牧民家正准备宰一只羊，请来了二十里外的亲戚来帮忙，早就听说蒙古人宰羊不会有一滴血，我这次才算见识了。有经验的牧民只需一把锋利的小刀，在羊的身体上打开一个小口，手插进羊的身体，用手指掐断它的动脉血管，安静利落。掏完内脏，再从腿部顺势把皮肉分开，分解完羊肉之后，草地上最后就剩下一张羊皮了。

草原上的生活垃圾怎么处理呢？在草地上挖一个坑作为垃圾场，生活垃圾填满之后再把坑填埋起来，等到来年，上面会继续长出青草。这是生活在草原上的人们传统朴素的环保观念。

制作奶豆腐的工序。

夏季的草原深处还保留着传统的游牧生活方式。(浦峰 摄)

草原人家三代同堂。(浦峰 摄)

那天晚上在蒙古汗城，晚餐是烤全羊，本地的乌珠穆沁羊，据说"比别的羊多一对肋骨"。宴席前有一个仪式，仪式是文化的凝结，是高于日常生活的部分：祭司双手执哈达，一手托银酒杯，唱长调念祝词，一个人领唱，周围的人会自动和上，俨然是一个无伴奏合唱团，暮色四合，幽蓝的天空没有一丝云彩，只有星星在闪烁，草原上吹来柔和的风，听得人真是陶醉了。

主客剪彩，在羊背上画十字，寓意十全十美。挑右边脊背上的肉，肉质鲜嫩多汁，祭长生天，蘸酒敬天敬地，一饮而尽。

"草原上只有五个月的旅游季，五一之后开始接客，国庆节之后就没什么客人了。"蒙古汗城旅游度假区负责人巴特尔说，冬季的内蒙古草原也很美，美得纯粹，说起来、看上去都十分像童话，但是大众旅游现在还没有触及内蒙古的四季。在严寒的草原上，如何满足游客的体验，需要更多的投资、设计和智慧。

蒙古汗城仿照蒙古包的外观，其实是混凝土的宾馆标间，这也是基于对游客体验的考虑，毕竟传统的蒙古包不太适合现代游客的住宿需求。可是，草原上一年漫长的七个月都没有游客来，大部分人对于内蒙古旅游的认知止步于10月，10月之后到来年5月只能歇业。混凝土抵挡不住冬季的冷酷，房间的墙壁上有的地方有了裂缝，自来水管会冻裂、下水道管会冻裂，维护成本非常高。

巴特尔说，去年的冬季接待了一个旅游团，大家反映都很好，不知道是不是因为冷，感觉身体都很轻盈，寒冷会赐予自然湛蓝的天空、清冽的风，这是大都市体验不到的奢侈的感受。

主客剪彩，在羊背上画十字，寓意十全十美。挑右边脊背上的肉，肉质鲜嫩多汁，祭长生天，蘸酒敬天敬地，一饮而尽。

烤全羊。（曹燕 摄）

行走在锡林郭勒盟的路上，经常能够听到一句话：乌珠穆沁草原，这是中国北方草原最华丽、最壮美的篇章，是天边的草原。

也许从名字上就能理解，锡林为丘陵的意思，郭勒为河流的意思。山林、草甸、河流，这就是锡林郭勒的长路，过程本身就是目的地了。

骑马的少年
从不偏离
他的道路

（赵兰富 摄）

当我登上西乌珠穆沁旗（简称西乌旗）古日格斯台国家级自然保护区入口处的山丘时，毫无遮挡的天地入怀，俯瞰无垠的草原，远处有墨绿色的森林，白色点点移动的矩阵是羊群，一条蜿蜒曲折的河是巴拉嘎尔河，马儿低头漫步，紫色的狼毒花连着黄色的蒲公英花海。到了这里才真正感受到，那首脍炙人口的歌曲《美丽的草原我的家》中所唱到的"草原就像绿色的海，毡包就像白莲花"，到底是怎样一个醉人的世界。

为什么说我眼前的草原以"华丽"修饰？河流赋予了草原灵动，花海平添了草原的妩媚，还有飞鸟振翅经过天空的痕迹和小动物的窸窸窣窣，远处的森林留下了曲线的伏笔。乌珠穆沁草原实在太不单调了，古日格斯台国家级自然保护区的设立正是为了保护大兴安岭南部山地北麓森林–草原生态系统及其所包容的物种多样性。

正值8月中旬，这一天阴云密布，山丘上的敖包上缠绕了好多祭祀敖包留下的蓝色哈达，蓝色的哈达被风吹得翻飞，云层越积越厚，也许会有一场雨吧，草原上盼望的一场雨。草原上长大的苏和说，乌珠穆沁草原上的草种类多，很有营养，如果下几场好雨，羊群吃个够，牧民今年就不用愁了。

乌珠穆沁草原包括西乌旗和东乌旗，去东乌旗的游客不算多，面积4.73万平方公里的东乌旗是锡林郭勒盟面积最大的一个旗，占全盟总面积的1/5，人口不过七八万。据记载，东乌珠穆沁草原是现今保存最为完好的草甸草原，地处内蒙古高原东部，高平原是它的主体。

巴拉嘎尔在蒙古语中的意思是"蜜"。这条汇集了无数小溪的河流，如同一条飘扬的哈达，把草原装扮得如诗如画。有的河段水流比较湍急，水声听起来十分欢快，是草原最华丽、最壮美的命脉与回响。

伴随着一路蜿蜒曲折的水泡子，当路过一片白桦林的时候，才意识到古日格斯台国家级自然保护区设立的意义是为了保护大兴安岭南部山地北麓森林–草原生态系统及其所包容的物种多样性。白桦林是大兴安岭典型的树种，这里是大兴安岭深入草原地带的余脉，属于森林与草原的过渡地带。

开始是辽阔的草场，然后我们遇到一条河流的阻挡，涉水而过，进入林区，往山坡上走，这里是大兴安岭的余脉，如果继续往古日格斯台国家级自然保护区的深处走，那里有遮天蔽日的森林，屏障正是古日格斯台国家级自然保护区的意义所在，这里很不像草原，又和草原不可分割地融为一体。我们只是行走在锡林郭勒盟西乌旗的一个角落，没想到地貌竟然如此丰富起伏。

古日格斯台，蒙语的意思是"有野生动物的地方"，夏天能听到山风阵阵，看到野花灿烂，很多游客来到这里就是为了拍摄铺陈到天边的金莲花，据说野生动物经常会在冬天出没。傍晚时，从保护区的深处往外走，外围就是牧民的天然牧场。8月还是在夏牧场，这一片起伏连绵的草坡，是天然的优质牧场。牛羊有时候躲藏在那些曲线的褶皱里，有时候又在山腰间散落成星星点点。

主人家的蒙古包就在山坡脚下，大叔达来的腿脚不是很灵便，但是他抓羊的时候十分利落，骑上马豪迈飞扬。现在更多的时候，是他儿子骑摩托车放羊。等到秋天，他们就要搬到山坳里的秋牧场。达来大叔说，他家的草场质量非常好，处于古日格斯台国家级自然保护区的外围，一条小河从蒙古包前蜿蜒而过，有山丘的屏障，在冬季可以躲避风雪，草场虽然不算很大，有600亩①，但草场质量优良，可以在这个范围内实现轮换游牧。

不远处就是遥鲁海日罕山，又名半拉山，传说先民为取生存饮用水，劈山凿石，劈掉了山的一半，引来了这条巴拉噶尔河。整个山体像被大刀劈开一样，一边是缓坡，一边是悬崖，真是名副其实的半拉山，一边温柔服帖，一边骨骼嶙峋，山顶上有人用石块垒起的敖包，那是在草原上做的记号，临走时，和我们一起的蒙古族朋友苏和不忘在敖包上添上几块石头，那是一个蒙古族人对这片土地的深情。

草原上的天气变化多端，刚才在山丘上看到的滚滚阴云已经散去。夕阳西下，我们再次进入草原的怀抱，牛羊归圈，骏马垂首，晚霞照射在草原上，投下静谧温柔的光晕。

———————————
① 1亩≈666.67平方米。

这一路上，要说印象最深刻的瞬间，要算是偶遇一位小小少年了。在公路和草原围栏之间的间隙里，砂石路和稀薄的草地之间，小小少年七八岁的样子，一路骑马前行，没有大人伴随，那匹马没有马鞍，没有脚蹬，就是一个人、一匹马和一条马鞭。

同样是草原上长大的孩子，苏和觉得这一点都不奇怪。"这一看就是蒙古族孩子"，苏和小时候也是如此，骑马对于蒙古族的孩子来说，就和城里的孩子玩游戏一样。"你去看看我们西乌珠穆沁的赛马节，孩子们骑得可好了，有的女孩比男孩还厉害。"

西乌珠穆沁有"中国白马之乡"的称号，据说，成吉思汗的81匹白色战马就来自乌珠穆沁，这个品种马只繁殖在锡林郭勒盟的西乌珠穆沁草原上，是成吉思汗时期宫廷专属的御马。每年夏天西乌旗都有白马文化节，那个时候白马云集，高贵而飘逸。平时在草原上，也经常能够看到孩子们练习骑马，西乌旗政府所在地巴拉嘎尔高勒镇周边的马场开设了不少青少年马术培训班。

我们遇到的这个小小少年，身高还没有马高。苏和回想起自己儿时的经历，"想要自己偷偷练习骑马，就会把马牵到一个低处，在能够找到垫脚的地方上马"。这个孩子为什么选择公路和草原围栏之间的低洼间骑马，可能就有这个原因。

来回往返的路程有两个小时的时间，我都看到了他专心致志地骑马，从不偏离他的道路。那一刻非常感动，所谓马背上的民族，这就是最生动的注脚吧。

草原上湿地众多，候鸟蹁跹。（戴炜 摄）

草原公路

奇遇记

从西乌旗去东乌旗，进入加强版的草原模式，东乌旗草原最大的特点是河流湖泊众多、水草丰美，起伏的草甸上深深浅浅的绿，道路无比优美通畅，行驶的车辆犹如音符在天地间跳跃。

路上偶尔会被一群羊围堵，有的羊会急急地跑开，总会有几只不挪步地来回观察你。看到有壮胆的，跑过马路的羊忍不住又跑回了路中间，加入观察汽车和人类的队伍。每每如此，游人的心完全松弛下来，不着急赶路了，此时此刻正在接受草原主人的邀约，这个美妙的过程本身就是目的地啊。

如果去阿拉善，围堵车辆的很可能就是一群骆驼。骆驼的性子更慢，有时候它们好奇心爆发，用身子蹭蹭车，甚至把脑袋探进车窗瞧瞧；公路边见到大规模马群的机会很少了，马群不会和人类纠缠，它们最多只会在草原上伴随着公路上的车辆，有心无意地飞奔一段路。

草原上的河流都是自然流淌的，很难看到人工痕迹，没有水坝水渠，没有泄洪道，没有截弯取直，草原上的湿地数量不少，面积较大，也就成了候鸟的天堂。摄影发烧友苏和说，这几年草原深处那些水泡子、芦苇丛里，天鹅越来越多了。我已经可以想象那

些掠过草原湿地的惊鸿一瞥了。

我们先是追逐明灭相间的光线，草原上经常会有"上帝之光"，那些从云层中流泻下来的光是从天上延伸下来的路。天上的云收拢得越来越紧促浓烈，暴风雨要来了，当我们正想着可以追逐一场及时的暴风雨时，天边出现了一股扭成绳索的云狂飙突进往天空的深处钻，那是龙卷云，龙卷风已经在前方生成了。

然后听到巨大的滚雷声，大火闪蜿蜒游离出现在天边，天色汹涌如黑蓝色的潮水，我们如果再往前走估计就会遭遇雷暴的袭击，于是决定立即掉头，这个时候小冰雹已经砸下来了。车往回狂奔了30公里，我不时回头，眼看着把龙卷风和暴雨甩在了后面，天色渐渐平静，如同息怒的巨人。

我们的心情还在激动中无法平复，我们找到路边一块空地，赶紧按下快门，留下了一组惊心动魄堪比大片的瞬间……这条完美穿过西乌旗到东乌旗全境的公路遭遇彪悍的飓风、恐惧的惊雷、密集的闪电、倾盆的大雨、巨大的冰雹，和所有神奇的气象状态相遇，最后大自然还会奖赏你一个彩蛋，在傍晚赐予我们梦幻般的彩虹。在短短的时间里，一切都充满了戏剧性。

草原上的天气风云变幻，令人惊叹。（张珺楠　摄）

草原上的一道光，犹如"上帝之光"。（张珺楠 摄）

天空和心情都慢慢平复后，我们坐在敖包山上，就那么看着远方，特别放松，特别享受。地平线向着远方铺陈，天地相接。刚才惊险一幕仿佛还在眼前，我们太幸运了，坐在山顶的时候内心相当温柔。我后来查资料，才知道这片草原处于东亚季风气候北部边缘，季风气候会带给草原很多变幻。

有这么一条旅游贴士：当你一进入锡林郭勒盟，就像进了一个巨大无比的公园，处处都是风景，所谓景点，不过是指引你行走于草原的一个个路标，换句话说就是给你一个行走的理由。所谓景点游的旅行方式不适合草原旅行，看见狂奔景点的车，我替他们感到惋惜，因为他们没有体验到草原的美。

这一路有很多景点，如贝子庙、锡林河、野狼谷、《狼图腾》电影拍摄地、乌拉盖水库、知青小镇等，但对于我来说，长路本身就是我的目的地。

我想起了从崇礼到张北的那条路，被热炒的"草原天路"，夏天一到周末就水泄不通，人们自驾游的热情不可阻挡，因为距离北京近，背靠京津冀巨大的旅游市场。但经常堵塞的"草原天路"，也失去了作为一条自然景观大道的挥洒和美感。

说实话，张北的"草原天路"和内蒙古大地的草原公路相比如何？可以说，内蒙古的每一条路都是挥洒自如的草原之路，锡林郭勒草原公路、克什克腾旗的达达线（从达里湖到阿斯哈图石林）、热阿线（从热水塘镇到阿斯哈图石林）……无数优美的草原公路串联起天高地阔的景色。

望着草原的远方，天地相连，这中间有森林、河流、荒漠、戈壁，所有的戏剧性都暗藏在这沉默的辽阔静谧之中，内蒙古的美并非那种一览无余的美。特别是热阿线，包括了几种草原形态，如草甸型草原、丘陵草原、荒漠型草原，还有林草过渡区和稀疏林草结合区，浓缩了内蒙古草原森林的精华。可以慢慢地观赏，可以说这70公里的热阿线就是内蒙古的缩影。

为什么没有人来命名内蒙古草原公路的主题，我问苏和，他沉默了一会儿，"对于我们来说，这样的景色太平常了，每天都是这样啊"。草原上空风云变幻莫测，草原风景无法定义，对于苏和来说一切都十分平常。

苏和精通文学，他又沉默了一会儿，"有句古诗怎么说的，不畏浮云遮望眼"。这一路看云，怎么都看不够。草原上的天空乌云密布，太阳在云层后面穿梭，突然就探出头来，一道猛然迸发的热情之光，让人目眩神迷。

歌曲《迷人的杭盖》唱着，"北方茂密的大森林，养育着富足和安详，露水升空造云彩，生机勃勃的杭盖。蔚蓝色的杭盖，多么圣洁的地方，满山野果随你采，只求不要改变我的杭盖。"对于生活在这片草原上的人们，"杭盖"在蒙语里是什么意思？一个有着蓝天、白云、草原、河流、山和树林的世界，就是这一片无与伦比的天与地。

呼伦贝尔草原有牧业四旗：陈巴尔虎旗、鄂温克旗、新巴尔虎左旗、新巴尔虎右旗，其中新巴尔虎右旗的草原最为纯粹，辽阔的草原上甚至连一棵树都没有。这样的景色或许单调，但却是真正意义上的草原，内蒙古高原上的山本来就不多见，圣山，也就是宝格德乌拉山，是这片草原的最高点。因为有了这个敖包的参照坐标，才更能理解草原的意义，无边无际的世界汇聚在这里，又扩散开去。

宝格德乌拉山的传说里浓缩了蒙古族的成长史，传说成吉思汗西征时，一天被敌军袭击，成吉思汗率残兵退到宝格德乌拉山躲避敌军。上了山后，成吉思汗仰望"长生天"长叹道："难道我命该如此吗？大山，请保佑我。"霎时，云雾缭绕，山上山下一片云海，敌军怕有埋伏，不敢进兵，等了三天三夜，援兵来到山下，成吉思汗一举歼灭敌军，"我得以免灾，我之区区性命，被宝格德乌拉山所搭救，日后我必常常祭祀此山，我的子子孙孙当与我一般祭祀"。

这一片土地也是内蒙古高原的脊梁，成吉思汗留下这样的箴言："出生在巴儿忽真脱窟木、翰难河、怯绿连河的男孩子，每一个都很勇敢，未经教导就懂道理，很聪明。那里出生的每一个女孩子未经装饰、梳理就很貌美，面色泛红，而且无比灵巧、伶俐，品德好。"他所说的巴儿忽真脱窟木、鄂嫩河、克鲁伦河地区，是包括今天的呼伦贝尔草原在内的贝加尔湖以东、蒙古国东部直至斯塔诺夫山脉、大兴安岭森林的辽阔地域。

从1738年开始，每年的农历五月十三和七月初三，四面八方圆几百里的牧民都要在宝格德乌拉山举办隆重的民间祭山盛会。宁静的巴尔虎草原会顿时沸腾起来，很多人在前一天晚上就来了。

路上遇到了特地赶来祭山的蒙古族大叔巴音，和所有盛装而来的蒙古人一样，他穿着一袭青蓝色的蒙古袍，腰间系一条红褐色腰带托住了彪悍的腰围，宽阔饱满的前额，细长明亮的眼睛和硕大的鼻子，典型的蒙古族人装扮。

巴音告诉我，二十世纪八九十年代，马车是牧民的主要交通工具，牧民将烤好的全羊提前一天运往宝格德乌拉山脚下，并在山脚下等候一夜。在漫长的夜里，牧民们为了让身体暖和一些，聚集在一起点燃篝火，喝着马奶酒，这种方式称为"守夜"。演变到今天，"守夜"逐渐被"篝火狂欢"取代。

守夜，篝火熊熊，喝酒吃肉，仰望满天星斗，想起来就十分迷人。火光和酒杯里有蒙古人的豪情，直到东方泛出鱼肚白，人们往山顶慢慢走去，如果从空中俯瞰，晨曦里从草原各处赶来的人们排成一支长长的队伍，行进、上升、团聚在山顶，前赴后继。

巴音大叔从陈巴尔虎旗来，他说他每年都尽可能赶来，以前带着儿子来，一起登上南山主峰，山顶上是主敖包，中间插满柳条，四周挂满蓝、白两色的哈达。南山主峰只能男子上去，到了山顶，在敖包周围插上系着哈达的柳条，转三圈，有的人拿着一瓶白酒，走一步然后洒向天空，一步一喝，敬神一半，自己喝一半，有的人带着牛奶洒向天空，山顶上弥漫着酒和奶的香味。

大多数人都是开着车来到神山脚下，但是祭祀神山的日子里，会看到一些人牵着马上山祭拜，祭祀完成后骑马下山，悠然挥洒，开阔的草原迎面而来，这场景让人百感交集，马背民族基因里的热血一直在涌动。巴音大叔说，以前赶着牛羊路过的牧民也会下马参拜，为敖包添上石头。

在游牧时代，蒙古族不断迁徙的过程

中，敖包就像茫茫大海中的灯塔为牧民指引方向。据说蒙古贵族在建立敖包之后，往往将难以携带的贵重物品埋藏在敖包的周围，这些敖包自然就成了他们日后回来寻找宝藏的标志物。

十多年过去了，这次巴音大叔带着老伴、孙女一起来的，儿子这次有事来不了。按照风俗，女人是不能上敖包山的，只能到左面侧峰半山腰的小敖包山祭祀。

巴音10岁的孙女乌日娜是吃着"贺喜格"长大的，"贺喜格"是祭祀敖包之后分享的食物，有祝福吉祥之意，一般都是分割的羊肉、各种奶制品和糖果。祭祀活动由高僧主持，坐在中间诵经，人们坐在两边，最后共同分享敖包"贺喜格"，将最真挚的祝福带回家，撒向草原的四面八方。这让我想起了在鄂尔多斯成吉思汗陵的春祭大典，有似曾相识的感觉，那是草原中蕴藏的基因，是发自肺腑的感情，浓烈又普通。

当然还有少不了的那达慕大会，有赛马、搏克、射箭，热热闹闹的，很接地气，豪迈欢乐的气息抵达草原大地的深处。

六十出头的巴音身板硬朗，但是膝盖不太好，爬上宝格德乌拉山山顶有点力不从心，一路上走走停停，有时忍不住用手撑住膝盖，"以后我就挂着拐杖上来嘛"，他笑起来。

你去了圣山吗？到了新巴尔虎右旗的时候，总会有人这么问我。

草原上的闪电。（戴炜 摄）

打草

给草原理发

农历七月初三是祭祀神山的日子，已经到了公历8月中旬，草原开始变得金黄，呼伦贝尔草原准备开始打草了，为过冬的牲畜储备口粮。打草会给草原分割出不同的状态，打草机开动，好像在给草原理发，草垛的直径不断翻滚壮大成一个大圆盘，阳光照在上面，金黄色的草原上，草的味道暖烘烘的，有种温和的饱满感。放眼望去，草原太大，"理发"过程在持续，这一块草原平顺完好，那一块草原坑坑洼洼，许多地方已经有草垛堆积，圆滚滚的，这是大地的艺术。

整片草场的草分片打完的时候，草也晒得差不多了，开始用车拉草，装车也需技术，要装得多，还要正，还要扎得紧，才能经得住长途颠簸地行走到达目的地。

我们看到的都是草，其实草也分很多种，牧民心里有一部草的宝典。巴音大叔说，秋天抓油膘，让牲畜多吃草籽，草籽里饱满的营养能让牲畜长膘。秋草场上有一种植物非常重要，那就是山葱，山葱尤其能帮助牲畜上膘，含有丰富的水分，可以十多天不给牲畜喂水。这样牲畜身上夏天囤积的水膘就变成了油膘。

通常来说，最好的草是羊草，呼伦贝尔一带的草原大多都是羊草，当地说打草也叫"打羊草"，特别是马刚吃过的羊草，会有一种自然的清香。如果风调雨顺，草场好的牧民家庭留够了自家牛羊过冬的草，还能够卖些牧草出去。有的牧民拥有好几台打草机，自家草场打完草之后，还能够帮助别人家打草挣钱。

每个牧民家庭都期盼长生天的护佑，可以风调雨顺，七八月份的时候，草原上能来几场透雨，草再长得高些、密些，让牛羊敞开肚皮吃个够。草原雨水充沛的时候，羊草深处围绕着蘑菇圈，晶莹剔透，像珍珠一样。遇到旱年的时候，牧民就愁得很，巴音大叔提及2016年，几十年一遇的旱灾，幸好政策上有外购牧草的补贴，并在各个草场情况不同的苏木之间调剂牧草。

大家都在说，呼伦贝尔大草原是中国最美丽的草原之一。这种赞美其实很空洞，就像说"乌珠穆沁草原是中国北方草原最华丽最壮美的篇章"一样，没有灵魂的所指。我去过锡林郭勒草原、乌珠穆沁草原、乌拉盖草原……究竟这一片草原和那一片草原有什么不同，我说不出来，在我看来都辽阔无垠，风吹草低见牛羊，宁静的美沉默不语，那是一种容易混淆的无差别的美，这给到访者一种错觉，草原看上去大同小异，内蒙古旅游也就简单地被归结为：去看草原吧。

而现实绝不单调，这一片草原和那一片草原当然不同，让到访者脸盲的草原，生活在这里的人通过自然的脉搏很容易就可以区分出方向和道路。郭伟在呼伦贝尔开长途汽车，他的车技是在少年时练成的，十多岁的时候，呼和诺尔湖的鱼要送到海拉尔卖，郭伟骑着带斗的侉子摩托，凌晨装好鱼，然后在呼伦贝尔草原上飞奔，我问他怎么能够分清楚草原上的方向和道路？"怎么会分不清，天上有星星和月亮啊。"草原上有很多湖泊，我又问他，呼和诺尔湖和其他湖泊看起来也差不多啊。他瞪大了眼睛，用一种现代旅游营销式的话语反驳我，"我们呼和诺尔湖多么原生态啊"。

打草。

打好的草垛，很像是温暖的艺术。

大兴安岭。（戴炜 摄）

二

高高的兴安岭

醉倒的孩子

这一次我是秋天来呼伦贝尔，为了金黄色的草原，也为了无法言喻的大兴安岭斑斓的色块，或者其他无法言喻的心绪。

　　大兴安岭到底在哪里，我并不是很确切地知道，小时候感觉那是盘踞在祖国北方遮天蔽日的莽莽丛林，印象最深的就是我大舅经常挂在嘴边的一句话：要不是1987年春晚的时候，费翔唱了《冬天里的一把火》，就不会有大兴安岭大火。我后来才知道大兴安岭火灾变成了一个历史事件，1987年5月6日，大兴安岭大火，持续了21天。

　　我大舅在部队转业之后，进了老家县城的林业局工作。老家那边是南方的丘陵地带，秋冬季节，乡间会有一些乡民小规模的烧山，把杂草杂木烧得黑不溜秋，说是为了囤积肥料，我大舅听到消息就会赶去制止，经常不被理解。好的是南方雨水多，一般不会引起什么事故。后来这件事情也被辟谣了，烧山肥料并没有科学依据。这些年封山育林的观念深入人心，可我大舅的说法是，"连田地都荒了很多，谁还会去烧山啊"。

　　从海拉尔往东走，树木山林越来越多，进入大兴安岭，这条横亘蜿蜒在祖国北方的莽莽长龙，从黑龙江一直延伸到内蒙古东北部。呼伦贝尔有大兴安岭，或者说大兴安岭的一部分就在呼伦贝尔，牙克石市、根河市、额尔古纳市、鄂伦春旗都是林区，我的目的地是鄂伦春旗阿里河镇。

　　对，就是歌曲里唱的鄂伦春，"高高的兴安岭一片大森林，森林里住着勇敢的鄂伦春，一呀一匹猎马一呀一杆枪，獐狍野鹿满山遍野打也打不尽"，经典的鄂伦春民歌《高高的兴安岭》。欢快的节奏配合着一路上大兴安岭变幻的色彩，这首歌我也听我大舅唱过，他一辈子喜欢自然，热爱自由。

秘境天路。（Thomas 摄）

来自森林的召唤

从洞口出发

大兴安岭北部的原始森林。(张珺楠 摄)

我当记者的时候，采访过纪录片导演顾桃，他成长于鄂伦春旗阿里河镇，围绕中国最后一个狩猎民族——使鹿鄂温克拍过多部纪录片，有《敖鲁古雅·敖鲁古雅》《犴达罕》等。在他的片子里，有一位叫"维加"的驯鹿人，准确地说，维加是一个真正的诗人，他在诗中写道："一段古老的传说正在消沉，鹿铃要在林中迷失。桦皮船漂向了博物馆，心中有敖鲁古雅沉寂的涛声……"

维加最后沉迷于酒精无法自拔，这让我想起了我的大舅。在县城林业局工作的他，后来喜欢上打猎，他自己制作土枪、火药，开始时是和几个朋友一起偷偷地进山，过了一段时间，就变成了他一个人，胡子拉碴熬红了眼，几天几夜都不回家。有时候会带回来几只野鸡、野兔，大部分时候都空手而归。后来，大舅被开除了公职，再后来，他也不喜欢偷偷打猎了，每天喝到大醉……

在路上，大部分的时间十分放空，拍照、自拍、热情地向当地人打听、跟随攻略按图索骥、寻找当地美食，完全投入地做一个合格的旅行者。某些瞬间，人会格外敏感，路上的某种情绪突然打败了我，以为忘记的事情、觉得不那么重要的事情，都会和眼前的某个情境自动连接。

或者说，它们一直都在，就像是森林里吹散的种子，遇到合适的天气就会发芽长大。说起来有点矫情，但在路上，我的确就会变得光滑、通透又矫情。旅途于我，并没有任何意义，但是我很喜欢这些格外敏感的瞬间。

从海拉尔去阿里河镇的路上，经过的大多是大兴安岭林区，阳光温暖，草木青翠，白桦林已经泛黄，经过狭长的白桦林时，在金色斑驳的光影里穿梭，就像是和无数振动翅膀的蝴蝶相遇。紧接着，山林开阔处大面积的流光溢彩扑面而来，自然有魔术师的手，把色彩调配得出神入化，无法言喻，天蓝得像个谜语。

一路经过很多林区小镇，都有着十分动人的名字：大雁、海满、牧原、岩山、伊图里河、喀喇其、布苏里，每一个名字的发音都像大兴安岭森林里的都柿果（野生蓝莓）一样饱满多汁，大多数小镇都已变得冷清，这些小镇因我国建设时期的伐木需要而兴起，林间偶尔还闪现一些铁轨，也是出于当年运输木材的需要，全都是一个时代的印记。

阿里河是个安宁的小镇，九月初的空气里，已经有种沁人心脾的深秋味道。迎接我的是一盒冷藏保鲜的都柿果，上面撒着一层白糖。当地人的吃法是，八月份的时候，将新鲜采摘的都柿果装进一个瓶子里，撒上白糖，用汤勺使劲地挤压，直到把瓶里的都柿果碾碎成酱，用勺舀里面的果汁喝，连舌头都被染成了紫红色。这新鲜的果汁和果酒有相似之处，后劲很大，有喝了都柿果汁后醉倒的孩子，从傍晚一觉睡到天亮。

嘎仙洞。（曹燕 摄）

鄂伦春博物馆外景。（曹燕 摄）

穿越大兴安岭的路。(宋大为 摄)

醉倒，
有时候就是在自然中忘我的状态，
走在林间小道上，
树叶腐殖堆积成一种松软的脚感，
空气清爽，
可以闻到树木的味道，
大兴安岭的秋景
也让我有一种微醺的幸福感。

醉倒，有时候就是在自然中忘我的状态，走在林间小道上，树叶腐殖堆积成一种松软的脚感，空气清爽，可以闻到树木的味道，大兴安岭的秋景也让我有一种微醺的幸福感。

大兴安岭的白桦林最多，也和鄂伦春人的生活最近。以前，鄂伦春人有两种产自桦树的天然饮料——"苏乌色"（桦树汁）和"第尔古色"（桦树浆）。每年四五月份是桦树汁最丰富的时候，用刀在桦树根部轻轻划一个小口，再插上一根草棍，桦树汁就会沿着草棍自然流出，把桦树汁盛入桦皮桶慢慢饮用。

以前鄂伦春人流动的家叫"撮罗子"，就是选一块平整的野地，用十几根桦木杆，立成一个圆锥形，四周包上桦树皮，冬季再包上狍子皮，就齐全了，和蒙古包有点类似，便于搬迁。

在阿里河镇最经常看到的旅游商品是各种桦树皮制品，桦树皮洁白光滑、细致紧密。初夏时节，桦树皮水分充足，易于剥落，一般会在这个时候剥取整张桦树皮。树干笔直、少有疤节的桦树是最佳选择。掌握好力度，沿着树的周长用猎刀将上下两端划定，再在划定的区间内上下贯通划一刀，然后用刀尖轻轻一撬，树皮随即脱落，不会伤及里面的嫩皮。将表皮的疤痕除掉，将柔软桦树皮进行蒸煮。

把桦树皮叠加起来，用石头压住压平，需要时，裁成所需的样式，以前作为生活所需的时候，会用柳木线、兽筋或者马鬃掺麻线的绳子缝合，可以做成桦皮桶、桦皮碗、桦皮针线盒、桦皮摇篮，现在这些都很少见了。

对于鄂伦春人来说，桦树皮坚硬又柔软，随物赋形，结实耐用。特别是在荡漾的桦皮摇篮里，鄂伦春的孩子们慢慢长大了。这些物件在从生产生活用品向旅游纪念品过渡，货架上的桦皮器具上有一些粗朴的几何花纹，那是来自森林深处的召唤，也隐隐暗合了当代生活方式向往的返璞归真。突然想到，当代流行的性冷淡风或者北欧风，多少都带着来自丛林的清冽气息。

傍晚时分，天色放晴，杂木草丛之上仿佛笼罩着一层光晕。十几分钟的路程就到了，嘎仙洞距离阿里河镇很近，是鲜卑族的发祥地。洞口处石壁上装了一个保护柜和围栏，里面是一块北魏时期的石刻，真迹已经不能直接观看了，旁边有一块仿制品。

这块石碑是在1980年考古时发现的，是北魏太武帝拓跋焘派中书侍郎李敞来此祭祖时刻下的祝文。这印证了嘎仙洞就是拓跋鲜卑先祖居住过的地方，也与史籍中记载的拓跋鲜卑祖庙所在地相吻合。《魏书》记载，"魏先之居幽都也，凿石为祖宗之庙于乌洛侯国西北"。

嘎仙洞看起来更像是一个洞厅，栅栏把通往深处的道路截断，据说深不可测，有水从暗绿苔藓的斑驳墙壁上滴落，"栖息之所，是人类可以像野兽回到山洞里一样隐居，人们可以在里面舒适地蜷伏着"。文明的起步都是从洞口出发，嘎仙洞口外是朗朗晴空。

（包曙光　摄）

莫日根

和犴达罕的相遇

到阿里河镇的第二天是首届鄂伦春国际山地户外运动会，这个寂静的小城来了很多人，邀请了几位埃塞俄比亚选手来参加马拉松，自行车项目邀请了俄罗斯赤塔州的运动员，赤塔州的后贝加尔斯克距离呼伦贝尔满洲里只有9公里，两地人民交往密切。这也提醒着我，已经快到边境了。在起点处的广场上，当地人纷纷和国际友人合影，虽然下起了小雨，气温骤降，但丝毫浇灭不了人们的热情。

广场上站着几位身穿鄂伦春民族服装的人，鹿角帽是最显著的标志，有位大哥身上穿的狍子皮做的袍子很旧很脏，配的是牛仔裤，脚上的皮靴也满是穿了好多年的折痕，腰里别着一把猎刀，只有头上的鹿角帽是簇新的，一看就是来自旅游商品店。反正他怎么看都不像是文工团派来装点门面的活动代表。

我的直觉是准的。他叫关国伟，鄂伦春猎民的后代。那套油腻的猎服就是爷爷留下来的。我问他，鄂伦春族和鄂温克族有什么区别。关国伟也说不出来，外界经常将他们混为一谈，的确也非常接近，鄂伦春族与鄂温克族的关系密切，无论是语言、风俗习惯、经济生活，还是历史上传说等方面，都有许多共同之处。准确地说，在漫长的历史长河中，他们都是居住在山岭上的北方森林民族，是山岭上的人们。

关国伟的爷爷是个好猎手，在鄂伦春人眼里好猎手被称为"莫日根"，这个称号是靠自己的本领换取的，有时为了获得这种荣耀可能丧失自己的生命。

关国伟说，在山里，人们把野兽按凶猛程度和破坏力排名：一熊二猪三老虎。猎人只有捕获到熊，才能显示一个鄂伦春人的勇猛和智慧。

我查了一些资料，在鄂伦春人的动物崇拜中，尤其以对熊的崇拜最重要，也最具代表性。对于自身的来源，鄂伦春族中流传着一则神话。传说一个猎人被雌熊掠走，关在山洞里，每次雌熊外出都要用大石块堵住洞口。后来，雌熊与猎人生出一个半人半熊的小兽。一天，雌熊带着小兽出洞找食，洞口没有堵严实，猎人趁机逃走。雌熊发觉后追到了河边，猎人沿着河岸奔逃，刚好上游漂来木筏，于是就跳上木筏，漂流而去。雌熊追赶不及，盛怒之下将半人半熊的小兽撕成两半，一半掷还猎人，一半留给自己，哭泣着离开。从此，跟随雌熊生活的一半成为熊，跟随猎人生活的一半成为鄂伦春人。

因为这种传说中透露出的亲密血缘关联，鄂伦春人始终对熊怀有一种难言的敬畏之情。但在以前的狩猎生活中，鄂伦春人还是要去猎杀熊这种凶猛的动物，这就导致他们对熊逐渐产生了一种既要猎取它又心怀敬畏的复杂而特殊的感情。关国伟说，鄂伦春族由此衍生出祭熊的文化习俗。

从文化而言，鄂伦春人给予熊以祖父、祖母或者舅父一类的尊称，其中有很多严格的规矩和禁忌，始终贯穿着对熊的敬畏，祈求熊饶恕自己的罪过。

自然之子，从自然中收获又被自然驯服。关国伟虽然没有猎捕过熊，但狩猎并不是远古的传说，20世纪80年代还没有禁猎，关国伟当时二十多岁，在森林里收获还是很丰富的。有一次，他们一个小队一共捕获了一头犴达罕、两个狍子，还有十多只飞龙鸟。在森林里扎营，支起了三脚架，捡来干柴，燃起了篝火，把犴肉、狍子肉、飞龙肉切割下来，扔到大吊锅里煮。最后从火堆里掏出一个犴的大腿骨棒，这根骨棒已经被烤得焦黄，一丝肉都没有，散发出特有的香气。取出随身携带的匕首，用刀背轻轻拍骨棒，骨棒随着敲打的力度逐渐碎裂，露出一根硬邦邦的骨髓来，就像是一根醇厚的香肠。

还有一次，他们走在森林里，隐隐约约听到湖对面响起了脚步声，一个黑乎乎的大家伙，比牛还大，顶着两只硕大的角在慢慢行进，后面还有三只同伙跟着，走几步一停，逐渐前行。到了湖边，听到沉闷的呼吸声音。距离大约30米的时候，在猎物低头喝水的刹那，猎民队长一挥手，关国伟迅速按亮了手电筒，强光照在猎物身上。看清楚了，这是一头成年犴达罕，体重在800斤左右。

说时迟，那时快，一声惊雷式的枪声响起，打破了清晨的宁静。关国伟一惊，把手电扔到了一旁，忘记关了。只见对面的那头

受伤了的犴达罕直对手电筒的亮光冲了过来，像是一个疾驰的火车头直面扑来，溅起的水像是一面墙。猎民队长把关国伟一推，这头巨大的猎物从他刚趴着的地上踏过去，不一会儿，发出了倒地的轰响。犴达罕中枪后，凭自己最后一搏，向亮点处奔来，这是所有动物的本能反应。

关国伟的经历听起来太过奇特，听得人入迷，窗外的大兴安岭吹来阵阵山风，也许在森林深处会有野兽的脚步声和呼吸声。犴达罕，也就是驼鹿，是大兴安岭森林里体态最大的动物。1985年，国家出台了一系列保护野生动物的政策，收回了猎民的猎枪。

1996年，"禁猎令"发布，猎民村面临着生活方式的彻底转变，很多老猎民抱着枪痛哭。关国伟说，猎民一生有两样不能换，一个是枪，一个是老婆。我想起在纪录片《犴达罕》中，猎民维加被收去了枪，在酗酒中醉生梦死地他说了一句话，"如果有更文明社会的警察向我开枪，那就，开枪吧"。

当天晚上，阿里河镇当地有一场演出《山岭上的人·鄂伦春》，说的就是勇敢的莫日根的故事，节目分为几场。一开始鄂伦春人在大兴安岭追逐飞禽走兽，捕猎野猪、狍子、犴，女人们在缝制狍皮的衣服，印象最深的就是一个鄂伦春老妇人唱起了古老的歌谣，族人们的和声，在山谷里回荡；大雪纷飞，鄂伦春人告别了猎枪……

大兴安岭某林场博物馆里的标本。（宋大为　摄）

驯鹿。（赵田路 摄）

驯鹿扒开积雪吃苔藓的时候

从阿里河镇到根河，继续在大兴安岭穿梭，阳光耀眼，树木不断后退，光影一帧一帧跳闪在毛茸茸的枝头草间。

去根河，去看看著名的敖鲁古雅使鹿部落，看看拍摄《敖鲁古雅·敖鲁古雅》《犴达罕》的地方究竟是什么样子。

两部纪录片里最动人的角色使鹿部落的女酋长玛利亚·索，她低头吹口琴的样子让人动容，眼里总觉得有泪光点点；四处翻酒喝的柳霞，喝完酒就开始跳舞或者打人，但是没有人会怪她，我听一个见过她的人说，哎呀，她那个样子啊，脸庞大大的、眼睛小小的，还像个孩子一样，她要是犯错误你都不会怪她。

还有《犴达罕》的主角维加，一个天生的诗人，他写春天的早晨："冰雪和阳光多么美妙的早晨，皑皑白雪百无聊赖闪着阳光。只有透明的森林在发暗，帐篷里的铁炉噼啪作响，水壶坐在铁炉上冒着热气发出的欢乐之声，烟筒冒着淡蓝色烟影在雪之上，呈现阳光斑驳参差的色彩。一阵晨风吹过，烟柏倾斜式向北，烟影瀑布般垂流直下奔流向地，

伟大的自由之风啊……"维加也是烂醉的酒鬼，是属于森林的人，他拥有过短暂的热带的爱情，最后还是回归大兴安岭的深处。到了根河，我向当地人询问他的近况，据说他酒后失手杀了自己的姐夫，然后又往自己肚子上捅了两刀……

冷极根河，有史记载最低温度零下58度。9月初的冷极广场，阴天的清晨，已经有人裹紧了羽绒服。"敖鲁古雅"的鄂温克语意思是"杨树林茂盛的地方"，300年前，一支鄂温克人从西伯利亚勒拿河上游森林出发，赶着驯鹿，迁徙到了额尔古纳河右岸大兴安岭密林中。因为这支在大兴安岭北坡靠狩猎为生的鄂温克人使用驯鹿驮运物品，被称为使鹿鄂温克。

玛利亚·索。

2003年，敖鲁古雅鄂温克猎民整体搬迁到了根河市郊的新定居点。房子按照北欧饲养驯鹿的萨米人的房屋风格设计，尖尖的屋顶，木质的装饰很多，有的院子门口还有撮罗子的造型，上面挂着一些鹿皮制品，这是售卖的旅游工艺品。有一些人家在家里开起了旅游商店，鹿皮制品、狍皮制品是最受欢迎的旅游纪念品，鹿皮制作的皮具和夹克上面都有长长的流苏，充满着北方山林苍茫的浪漫气息。

经过吊桥，往森林深处走一段就到达了一个驯鹿点，主要面向游客开放。木栈道旁边的草地已呈金黄，踩上去的脚感十分松软。政府在密林中保留着几处猎民点，作为保留一种古老生活方式的样本。

深秋的猎民点，空气中有种令人神清气爽的冷。这里散养着几十只驯鹿，大多数的驯鹿都很温顺，柔和的大眼睛总含有一汪水的灵动，游客可以靠近它合影，抚摸它也完全没有关系。其中有一个节目是一群当地人穿着民族服装唱着古老的歌谣，从森林深处赶着一群驯鹿出现在游客面前。

这个猎民点有一只骄傲不逊的鹿王，那是在与雄鹿不断较量的过程中角逐出来的。鹿王的鹿角比一般驯鹿更大，在头顶长成了嶙峋坚硬的丛林，有一小块部分缺失了，那是胜利的代价。就算被拴在了一棵大树上，鹿王依然非常狂躁，绕着绳索来回乱踢，蹄子把身下的一块地都掀起了皮，充满了攻击性，呼吸有粗壮的响声。

古革军是这个猎民点的负责人，他一头卷曲长发，眼窝很深，看起来有异域风采，聊起来得知他果然有俄罗斯血统，只是一口流利的东北话平衡了这种反差。古革军说他能够观察

「我们的驯鹿，

他们夏天走路时踩着露珠儿，

吃东西时身边有花朵和蝴蝶伴着，

喝水时能看见水里的游鱼；

冬天呢，

它们扒开积雪吃苔藓的时候，

还能看到埋藏在雪下的红豆，

听到小鸟的叫声。」

——《额尔古纳河右岸》

读懂驯鹿的表情，不是发情的时候，驯鹿都非常温顺，喜欢和他亲近。他牵过来一头驯鹿，把脸紧紧朝驯鹿贴了上去，甚至亲吻了一下，周围的游客纷纷按下快门。他和驯鹿们每天都会接待游客，特别是夏季，旅游团也不少，这样的场景几乎每天都会重复。

有一头年纪比较小的驯鹿，鹿茸已经角质化，但是鹿角外面还是包着毛茸茸的皮，古革军一把抓过来，把它的皮掀掉，皮上还带着血，露出浅绯红色的骨头。夏天，驯鹿要割的鹿茸尚未角质化，很柔软，很容易就锯下来了。虽说锯掉鹿茸后，来年又会长出新的鹿茸来，但是场面还是有点血腥。古革军强调说，"已经角质化了，它们不疼"，可是谁又知道它们到底疼不疼呢。

当地还流传着一个神话故事《鹿为啥哭瞎了两只眼睛》，说的是猎人和猎物之间追逐纠结的故事。故事说鹿原来有四只眼睛，当最后两只鹿也被猎人追赶得走投无路的时候，它们抱在一起哭了三天三夜，泪水哭干了，眼睛也哭瞎了两只。后来它们找到山神"白那查"，说猎人跑得太快，同伴都被它们捉住吃光了。

维加。（戴炜 摄）

"白那查"为了不让鹿灭绝，给猎人安装了膝盖骨，猎人就跑不快了。猎人追不上鹿了，鹿才繁殖起来。从此，鹿就剩两只眼睛了，在两只眼睛的下面，还有两只没有眼珠的干瘪眼皮，那就是哭瞎的眼睛。

　　"我们鄂温克人从来不打正在交配、哺乳、孵卵的动物。"古革军说，鄂温克人的狩猎遵循自然规律，只有节制、不滥捕滥猎、休养生息，才会有自然的给予。以前在山上，猎鹿茸要先仔细观察清楚猎物是否有茸角，如果没有，则不会射杀，放它归山。

　　"女酋长？那都是媒体命名的。"古革军

觉得十分好笑，一些来到敖鲁古雅的游客，有的会向他打听"最后一个使鹿部落女酋长"——玛利亚·索的消息。玛利亚·索不会说汉语，她最了解驯鹿与大山，驯鹿什么时候在什么地方找苔藓吃，她最清楚。她也很清楚撮罗子该搭建在什么位置、高度多少最合适。

　　2010年，玛利亚·索到北京参加过关于原生态舞台剧《敖鲁古雅》的演出，故事正是以她为原型，这是她第一次办身份证坐飞机来北京。玛利亚·索和古革军还一起参加过快乐大本营节目的录制，从始至终，她都十分沉默。"最后一个使鹿部落女酋长"这个神秘的称谓不胫而走，迎合了大众的某种好奇心。

驯鹿吃的食物。（晋燕　摄）

驯鹿群。(戴炜 摄)

"准确地说，她应该算是我们的精神领袖。"古革军说，2003 年，敖鲁古雅鄂温克猎民整体搬迁到了根河市郊的新定居点，但由于部分族人与驯鹿不习惯定居点的生活，驯鹿以长在原始森林的苔藓为食，于是选择了重返森林，其中就包括坚持住在山上的玛利亚·索，她沉默而倔强。她的猎民点在激流河畔的深山里，那是她生活了一辈子的地方。

之前听说玛利亚·索会出现，和领导媒体见面，但最后也没有出现，估计这来来往往的游客，她也厌烦了，我反而很喜欢她这样的态度。

栈道旁边的木屋旁有很多篮子，里面是从山里面采摘的苔藓，呈灰绿色，这是驯鹿最爱吃的食物，也是大兴安岭北的特产，鄂温克人把它叫作"恩考"。等到天气变冷，这个猎民点的驯鹿会被放回到山上，在寒冷潮湿的苔原岩石上寻找食物，一般过几天，派个人上山看看即可。

冬天的时候，在山里的猎民点附近，驯鹿听到敲脸盆的声音就会跑过来吃猎民手里的盐和豆饼了。以前的驯鹿人是用"突入咯鲁"唤鹿，是用狍子蹄和狍子皮或者鹿皮做成的皮袋子，里面装着驯鹿爱吃的盐，用手不断摇晃，哗啦哗啦的声响和着叮叮当当的鹿铃声，在森林里回响。

我想起《额尔古纳河右岸》中写的，"我们的驯鹿，他们夏天走路时踩着露珠儿，吃东西时身边有花朵和蝴蝶伴着，喝水时能看见水里的游鱼；冬天呢，它们扒开积雪吃苔藓的时候，还能看到埋藏在雪下的红豆，听到小鸟的叫声"。

边境线上的人·家

草原上的幻日景象。（宋大为 摄）

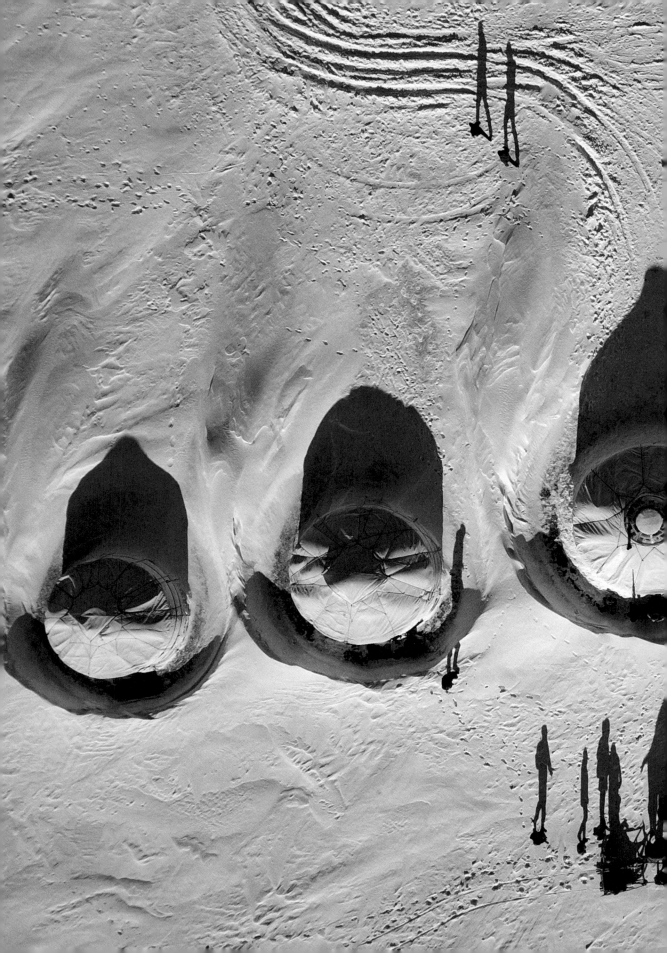

布里亚特人家
雪原上的三个太阳

这是一段有关历史与迁徙、游牧与回归的往事。

布里亚特的先民，约16世纪起在贝加尔湖、色楞格河流域一带的草原上过着游牧、狩猎生活。1689年，《尼布楚条约》签订，布里亚特人千百年来居住的故里成了俄国人的疆域。两百年后，布里亚特人回归祖国，1918年，第一批布里亚特人进入呼伦贝尔草原。1922年，经呼伦贝尔副都统衙门批准，160余户700余人迁入鄂温克旗锡尼河地区，一直居住至今。

距离海拉尔不远的鄂温克旗巴彦呼硕草原，就是《敖包相会》传唱的地方。一场又一场、一茬又一茬的雪花纷纷扬扬地落下来，覆盖天地草原，形成深不可测的雪原。雪花在大地上深沉地呼吸，到处都是一片混混沌沌、如烟如雾的苍茫。

我们到达锡尼河镇孟根楚鲁嘎查的布里亚特人家斯仁达瓦家的时候，他正担心我们会不会过不了涵洞，昨天刚铲了雪，怕夜里的一场大雪又把道路盖上。并没有到草原最冷的时候，但这两天有白毛风，草原上一览无余没有遮挡，大风吹得人睁不开眼，眼睫毛很快结出了冰花。雪原上翻滚弥漫出一阵阵雪浪，像是置身于茫茫大海上。

接近正午时分，天空出现了三个太阳！中间一个完整的太阳，两边各反射烘托出"半个太阳"，众星拱月一般，同时出现几个太阳的虚像，这就是"幻日"。如果从科学的角度而言，冬季的天空会有一些水蒸气，由于温度较低，会形成卷积云或卷层云。这种云含有大量的水蒸气，遇冷凝固就形成了六菱形的小冰晶。冰晶变成了无数面小镜子，纷纷反射阳光，幻日出现了，混合着白毛风的三个太阳。

外面冰天雪地，可是蒙古包里温暖如春，屋子中央墙壁上是成吉思汗的画像，正下方的案台上摆满了奶制品，炉子上手把肉的香味已经从锅盖的缝隙里溢出来了，茶壶里滚烫的奶茶慰藉温暖着刚被白毛风蹂躏的胃。

居住在贝加尔湖一带的历史痕迹还保留在生活细节上，斯仁达瓦家和一般的蒙古族家庭稍稍有所差异，例如餐桌上西式的摆盘，每家每户都有烤箱，面包是必备的主食，托盘里有果酱和奶油，蒙古包的墙上挂着一张木托板，那是分切各种面包和奶酪的器具。

刚出锅的一屉热腾腾的布里亚特包子，香到流油，炉子上的热茶翻滚着，外面风雪弥漫，蒙古包里升腾起烟火氤氲的暖。觉得这样才是旅行的意义啊。

布里亚特人的传统服饰。

布里亚特人家内饰
（宋大为 摄）

布里亚特人的服饰。

斯仁达瓦的妻子苏布德穿着青蓝色的长袍，肩部高耸挺括，腰身束起，温和可亲。忙前忙后，不时推开蒙古包的门端来各种食物，手把肉是主菜，还有我很少见到的羊血肠，蘸上辣椒油和野韭菜花送入口中，味道鲜美。

苏布德本身是个十分腼腆的人，小声招呼着我们赶紧趁热吃，各种肉食小菜满满一桌子，刚出锅的一屉热腾腾的布里亚特包子，皮薄馅大，包子皮是烫面的，吃起来很筋道。羊肉丁的肉馅，再放些大葱、洋葱或草原上生长的野韭菜，捏包子皮的褶子收口时，不是将其收紧，而是留个小口。包子香到流油，炉子上的热茶翻滚着，外面风雪弥漫，蒙古包里升腾起烟火氤氲的暖。

我们喝了点酒，话匣子一点一点打开：斯仁达瓦算是远近闻名的靠发展旅游走上致富路的能人，1999年夏天，斯仁达瓦在巴彦呼硕敖包山下支起3个蒙古包，开始尝试接待游客，日子过得平静而充实。2001年6月，一场突如其来的车祸夺走了他的左胳膊……

生活还是要继续，娴静能干的苏布德是个贤内助，如今大儿子大学快毕业了，学的就是旅游管理专业，是个互联网下的草原新青年，他给家里的旅游项目印了宣传册，也申请了微信号，小儿子刚上小学。斯仁达瓦的话少，脸色愈发红润，外面大雪纷飞，我们坐在温暖的蒙古包里，又续上奶茶一句没一句地唠着家常。

我们聊起了夏天的草原婚礼，人们相聚在一起热热闹闹好几天。草原婚宴就是吃肉，手把肉，一般需要宰三十多只羊。苏布德打开手机相册给我看，羊肉垒成了一个个小山包，还需要制作上百斤各种花色的面食甜点，一摞摞地堆积着，感觉到饱满的喜悦流淌出来。婚礼是一次难得的相聚，当然还有少不了的那达慕大会，赛马、搏克、射箭。

蒙古包外的白毛风渐渐平息，远方的远方清晰起来，雪原平复了往日的宁静，"三个太阳"的幻日也退场了，雪原上有奶油融合粉橘色的光晕。我知道冬天的草原也绝不单调，马儿的眼睫毛会长出雾凇，骆驼有沉默的等待，人类的每一脚踩下去都能感觉到行走本身的重量和声响。

额尔古纳大地。（戴炜 摄）

包饺子也烤列巴
人人会唱喀秋莎

冬天的大兴安岭是毛茸茸的，
随着光线的变化、山势的起伏，
两边的山头呈现出灰黄色、姜黄色、银灰色，
树枝草丛上沾染的雪花轻盈盈的，
一阵大风吹来，
就会抖落一身束缚。

穿越大兴安岭的路，也是在边境线上蜿蜒。额尔古纳河畔的恩和，冬天很安静，很多人都去海拉尔了，留下来的住家不多，从哪家烟囱冒烟就能确认哪家有人，或者从院墙里的狗叫声就能判断。我从街道东头走到西头，用最大热情迎接我的就是各家被拴起来的大狗，它们在用力宣誓主权。

恩和是我国唯一的俄罗斯民族乡。四面环山，冰封的额尔古纳河是中俄之间的界河，当地80%的居民有俄罗斯血统。据说恩和人长着一张欧洲面孔却说着一口地道的东北话，包饺子也烤列巴，人人会唱喀秋莎。我们慕名而来寻找芭莎列巴房，果不其然，她以响亮的大嗓门和一口标准的充满感染力的东北话迎接我们。

列巴，也就是俄罗斯大面包。听说芭莎做的列巴特别好吃，一点添加剂都不用，是从母亲处得到的真传。芭莎这天正在家准备制作列巴的引子，桌子上摆满了一团团发酵好的棒子面，相当于老面和发酵粉的作用。当地老人制作列巴还有独门秘诀"列巴花"——一种生长在草原上的紫红色的花朵，在它开得最盛最艳的时候，被采摘下来，然后用它熬成汁，和在面里。

院子里用砖头和泥巴制成的列巴房是芭莎制作列巴的主战场。芭莎打开一个炉门，里面是熊熊燃烧的炉火，她用一个特制的长长的白桦木桦子，将一屉排列得整整齐齐的面包送到炉火深处，列巴浓郁的麦香味慢慢流淌出来。

俄罗斯族家庭日常生活场景。（戴炜 摄）

恩和制作的俄罗斯列巴。
额尔古纳俄式餐厅。
额尔古纳恩和俄罗斯民族乡。
（沈昌海 摄）

芭莎家的温暖有种吸引人的磁场，窗明几净、洒满阳光的屋子里都是花花草草，绿色的藤蔓缠绕延伸到墙壁，和屋外的冰天雪地形成鲜明的对比，虽然窗外的春天还很远，但生活里却早已春暖花开。后来我发现很多俄裔家庭家里都温暖明亮，种满了花草，不知道是巧合还是内心深处对生活共通的热爱使然。

芭莎说到自己的家族史：十月革命的时候，芭莎母亲家是贵族，全家从额尔古纳河畔逃到中国，遇到了来恩和淘金的山东男孩，两人相爱了。后来，局势渐渐平静，其他人都返回了苏联，只有芭莎母亲为了爱情留在了中国。"母亲一辈子都是说俄语，到死也没学会东北话。"说这句话的时候，芭莎高亢的嗓门明显有了起伏。

在很长一段时间里，芭莎的母亲都是个没有身份的人。20世纪80年代的时候，老人家到北京办理了护照，终于获得了身份。可是20世纪90年代初，苏联解体，老人家又成了身份不明的人。这件事一直让芭莎耿耿于怀，爽朗的她说到此潜然泪下。历史与边界，民族与身份，都消融在窗外茫茫雪原中了。

晚饭的时候，听着金发碧眼大眼睛的芭莎以一口的东北话说起这段事，饭桌上有东北大炖菜，还有蓝莓酱、大列巴、精致的餐盘刀叉……多么有戏剧性的存在，这种融合的感觉就像芭莎的笑脸和东北话一样亲切。她在端菜的间隙会偶尔冒出一

额尔古纳。（戴炜 摄）

两个俄语词汇，可是当我们想让她说几句俄语的时候，她摆摆手说，"我这舌头已经硬得像鞋底，说不了了"。

室韦也是一个充满俄式风情的边境小镇，对面是俄罗斯小城，到处都是尖尖耀眼的屋顶、奶油色的雪、金黄色的木刻楞，这是一种充满当地特色的木结构房屋，用的都是当地的落叶松或者桦木，在木头与木头之间有一种丝絮状的毛草，呈黄金色。这种丝状的毛草叫"树毛"，它生命力极强，会长满木头之间的空隙，起到防风的作用。

俄罗斯族大叔果力的家里也是绿植缠绕，还有从俄罗斯淘回来的手风琴、俄式缝纫机、收音机，墙上挂着一张白狼的皮画……简朴温馨，色调明快，每一件物品上都蕴含着阳光的暖意和时间的温度，让人坐下来，就不想走了。

果力大叔说，那你是没有夏天来，推开窗户就是青草的香味，特别好闻。我在院子里种满了花，可漂亮了，还有木质的秋千荡漾。一个热爱生活的人，到处都是他热爱生活的印记，我在门口看到大门左右各有一个铰开的旧轮胎，果力大叔在上面点缀着假花，在冰天雪地里吐露着生活浪漫的芬芳。

阿尔山不冻河上的晶状雪花。（张珺楠　摄）

小心
不要靠近火墙

冷极村这个说法只有几年的时间。它准确的原名是金河林业局金林农场。住在村子里的人都是林场的职工，这里是距离冷极点最近的一个村子，前几年开始打造"冷极"的概念。村子作为"冷极"极佳的参照点，趁着节庆效应，已经发展出了冷极节。"冷极节"开幕式一般都选在平安夜，因为根河有驯鹿，在平安夜，圣诞老人不就可以乘坐驯鹿来给孩子们分发礼物吗？

在冷极村，踩在结冰的湿地上，无限贴近冰面拍摄冰花的形状和质地，朵朵冰花晶莹闪烁，每一帧冰花都透着锋芒，还有为了冷极节的到来而准备的"大雪山"，人工造雪机不停运转，可以爬上"大雪山"噌噌地滑下来。平安夜这一天，大红灯笼、彩旗和那些来挑战冷极的人们，让只有6户人家的冷极村生动了很多。

如果没有风，真不冷，我可不是瞎说。可能是因为冷极村四周环山，刚好处于一个盆地中。又或者是我穿上了两件羽绒服，身上和脚底都贴好了暖宝宝，就为了来挑战一下传说中的冷极，结果，居然没有风。人生是不是也是这样，当你做好了准备，它就会跟你开个玩笑，直到脚底热得我跳起来。

"冷极人家"主人王福财叮嘱我，小心，不要靠近墙！在极寒地区，人们有自己抵御严寒的法宝和武器——火墙。火墙中间是空的，通过炉子在下面烧煤，烘热整面墙，达到整个屋子都被烘热的目的。即使是零下40摄氏度的极寒天气中，室内温度也可以达到20摄氏度以上，室内外温度可以相差到60摄氏度左右。取暖期达8个月左右，当地居民保持着常年取暖的习惯，火墙从10月份就开始烧了。

房子朝南，暖洋洋的，整个家里是明蓝色和明黄色互相映衬的暖色调，火炕上有布老虎的枕头，旁边的衣柜上面的玻璃框里是泛黄的20世纪90年代的海报，有少先队员明媚的笑脸也有南国的椰林婆娑。那时候王福财是林业工人，取材设计都是他一手包办，大兴安岭制造，过了二十多年，衣柜依然结实。

直到2014年4月伊始，内蒙古大兴安岭结束了长达63年的采伐历史。王福财转型成为护林员，孩子们下山去根河市区了，他和老伴还留在冷极村。"习惯这儿了，这儿空气多好，待惯了也不觉得冷。"直到这几年，"中国冷极"的概念渐渐炒热，王福财发展起了家庭旅游，收入还不错。

火炉上烧水突突地冒着烟，院子里的柴火堆码得整整齐齐，院墙上大红灯笼高高挂着，彩旗上翻飞着"冷极欢迎您"，我已经闻到了厨房里飘来的排骨酸菜粉条的香味。

冷极村，林业工人制作的木柜子很有时代感。（曹燕 摄）

林家特色炉子。（曹燕 摄）

「中国冷极」的标志，

相当于一个挥洒的「冷」字，

金属的雕刻在雪光中泛出寒光，

极端低温纪录是零下 58 摄氏度，

这里海拔 1081 米，

除了高纬度、高海拔外，

还在于根河面向西伯利亚，

在大兴安岭西坡迎着西伯利亚寒流，

形成了冷极地带。

而近 6 万公顷的根河湿地存在于冻土之上，

这又是中国极少见的地质现象。

布里亚特人在制作列巴。（包曙光　摄）

手绘内蒙古。（芦妍菲 绘）

三

到额济纳去

（哈斯巴根 摄）

乌海湖边看乌海。（王维伟　摄）

沙中之海

内蒙古的一个变奏

乌海在内蒙古自驾游线路中，是一个中转站般的路过性存在，从乌海去银川不远，去额济纳旗也算顺路，还有1000多公里，因为额济纳太远了。内蒙古东西直线距离2400公里，南北跨度1700公里，横跨东北、华北、西北三大区，跨越了29个经度。我想起了那句著名的话——但愿你道路漫长，充满奇迹，充满发现。

本来只想在乌海短暂休整，最后变成了一个目的地。乌海，乌金之海，这里蕴藏着黑色的煤炭，一座铿锵有力的工业城市，我在乌海煤炭博物馆的介绍前看得眼底发热：1958年，"万人上山"夺煤大会战，最早一代的乌海煤炭产业工人，不顾生活的艰苦和生产任务的繁重，安家在荒漠沙滩上，夺煤于荒山野岭间。他们先生产、后生活，"战天斗地"，克服了一个又一个困难……这样的表述，我在贵州喀斯特地貌的丛林里六盘水市也看到过，"备战备荒为人民""好人好马上三线"，那是一段激情燃烧、青春被淬炼的岁月。

作为一个拒绝崇高与口号的当代人，我愿意把在乌海煤炭博物馆看到的更多内容摘抄下来：人们把煤比作"太阳石"，燃烧自己，温暖别人。第一代乌海建设者们为祖国发展追逐"乌金"，到大漠艰苦创业；在"乌金之海"腹地奉献青春、热血，甚至生命。他们是从地心深处采掘光明、无私奉献热力的"太阳

神"。乌海因煤而生、因煤而建、因煤而兴，这些被誉为"太阳神"的一代代煤炭产业工人，正是"乌金之海"城市发展的奠基者与永载史册的建设者。

乌海市名的来历有一个感人的故事：在酝酿成立乌海市时，由于多种原因最初确定的名字是海乌市。当建市报告呈送到国务院时，重病中的周总理了解到海勃湾与乌达都是以煤炭生产为主的工矿城市，便提议新建城市的名字叫乌海市，并说："乌海、乌海，乌金之海嘛！"这是乌海历史的荣光与传奇。

这个城市正在涤荡乌金的低调。马强一只脚划楞着乌海湖水的波纹，一只脚踩在金色的乌兰布和沙漠里，"我朋友圈发的照片，经常会给人一种身在迪拜的感觉"。马强大笑，他所在的越野车队以前在乌兰布和沙漠里越野，那时单向度地越过沙丘，现在游客需要坐半个小时的快艇穿过乌海湖，到达乌兰布和沙漠的边缘，乌海倒映在乌海湖里，周围群山环绕，夕阳下锈红色的山脊褶皱如铮铮铁骨，城市绮丽，碧波荡漾，这一切看起来犹如海市蜃楼。

金色的沙丘、瓦蓝的湖水、连绵的芦苇荡，构成了层次饱满的矛盾张力。马强所在的越野车队会带领游客来一次激情穿越，90°的沙坡让人肾上腺素飙升，侧切沙脊让人屏住呼吸，一旁的乌海湖静谧浩荡。

（张珺橪 摄）

乌海湖就像大海一样无垠。

这些数字听上去，

宁夏沙湖的 **2.6** 倍。

面积是杭州西湖的 **18.5** 倍、

总面积达 **118** 平方公里的人工湖，

2013年12月底蓄水形成，

是黄河海勃湾水利枢纽建成后，

乌海湖是黄河水域的一部分，

沙漠与河套
一枚硬币的两面

乌兰布和沙漠，

有风吹过，

夕阳下流动的金色的沙丘翻滚起来，

像一头愤怒的公牛。

「乌兰布和」蒙语的意思是「红色的公牛」，

被风翻滚起来的沙丘脉络也像水流，

我想起叶芝的墓志铭上写着：

把名字写在水上。

现在想来，

写在沙上也是类似的生命体验，

一切都会被风带走。

乌海湖映出天空的碧澄清澈，乌海是矛盾的统一体，一边是海水，一边是火焰。水与沙的融合，是黄河流经区域内唯一的景观组合。越过沙丘，一湖碧波，乌兰布和沙漠连绵不绝，乌海湖里小岛丛生，芦苇摇曳，晚霞渲染成玫瑰色的天空，湖鸥在天与水之间滑翔。

我们在黄河边骑行，误打误撞进入了董芸的葡萄酒庄园。连绵不绝的葡萄树下总是铺着一层细密的黄沙，走在上面一脚深一脚浅，就像踩进了干燥的沙滩。黄沙吹走了又来了，层层覆盖。

乌海是沙漠腹地，地处乌兰布和、库布齐、毛乌素三大沙漠交汇处，孕育了葡萄生长的沙质土壤，黄河穿过这里，带来了营养矿物质，解决了葡萄的灌溉问题。董芸是个爽朗的姑娘，北漂了几年，最后决定回到家乡种葡萄、酿酒，"还是家里过得舒服，天都是透明的"。

董芸相信每一片土地都有自己的秉性，从酿造葡萄酒的角度来说，风土塑造物产和口感。乌海的日照时间长，昼夜温差大，有效积温高，年无霜期长，年平均降水量150毫米，

"黄河之水出河套"，老牛湾黄河峡谷。（任志明　摄）

干燥的气候使得病虫害极少。世界葡萄酒种植黄金纬度的地带，产出的葡萄浆果发育好、颜色深、丹宁含量高、糖酸比例适宜，可谓沙漠出美酒。

种葡萄是个精细活，每年冬天埋土防寒，采摘完毕之后，先要剪枝，当年生长的葡萄藤通常要剪到只剩下两根葡萄枝蔓的枝条。有时候将剪下来的枝条碾碎并撒在土壤里，以使土壤富含天然的腐殖质，作为葡萄树天然的肥料。

沙漠吹来强劲的风，秋天在葡萄园里挖深沟，将葡萄树的主干埋进沟里保暖，保存实力，准备第二年的丰收。等到第二年清明前后，开沟把葡萄树的主干扶起来，搭架子，将葡萄树的老皮与冬季剪下来的葡萄蔓一起烧掉，附着在上面的病菌无处遁形。由此，葡萄开始新一年的生长。

董芸给我倒了一杯红酒，我只能手托杯底，拇指和食指捏住细长的杯身，晃了晃杯子，挂杯了！窗外白晃晃的烈日照在葡萄园里，远处是黄沙的伏线，把含在嘴里的红色液体分批次分层次送入。又吃了她家院子里几串即将成熟的马奶葡萄，清甜中一丝游离的酸爽，是自然的风味，还没有被大规模的现代种植业驯化的口味，董芸说，这葡萄你可买不到的。

我细细琢磨着这买不到的自然风味，沿着乌海湖骑了一会儿单车，葡萄园里的清新已经被烈日和沙漠里吹来的强劲西风稀释，口干舌燥。感觉有些不可思议，甘德尔山、乌兰布和沙漠、乌海湖、葡萄美酒，沙漠中的一片水域就像是一枚硬币的两面。

如果从乌海继续出发，世界会更加辽阔到不可思议。乌海往北，可以到达磴口县城，那里是历史上著名的河套地区，敕勒川阴山下说的就是这一带，有神秘的阴山岩画，有古老的长城，然后驶入312省道，沿穿沙公路一路往西，越过戈壁，进入阿拉善盟，那里被称为苍天圣地，是骆驼的故乡，有曼德拉山岩画、南寺、巴丹吉林沙漠里高高的沙山，最后可以一直到达我心心念念的额济纳黑城、居延海，虽然胡杨林现在还没到最好的时候。

从乌海到磴口县城，黄河一直在不远处，偶尔路过一条小河、一片芦苇荡，地图上显示这里有很多个海子，一排排整齐的平房，一条条灌溉渠通往玉米地，一大片一大片的葵花地，如果不是刻意在内心提示：我正处于内蒙古！很容易产生一种地理属性的错觉，这里是内蒙古吗？

以上由于我目力所及的局限，这里仅是河套平原的一部分。如果从卫星遥感地图看会更加清晰：河套平原的绿洲只是黄河冲刷出的一条狭长地带，黄河从乌兰布和沙漠方向蜿蜒而来，乌兰布和沙漠占到了磴口县面积的70%，沙土一层又一层堆积，风土很大，耀眼的葵花上覆盖了薄薄一层灰，明亮之上就有了一些颓唐。

黄河是一条伟大的河流，黄河和乌兰布和沙漠展开拉锯赛，形成了河套地区，在我国干旱的西北高原，降雨量少、蒸发量大，河套地区更像是沙漠边缘上的奇迹，属于没有引水灌溉便没有农业的地区，灌区年引黄水量约50亿立方米，占黄河过境水量的七分之一。

磴口县的三盛公黄河水利枢纽大型工程造型独特，堪称"万里黄河第一闸"，也是亚洲最大的一首制自流灌溉节制闸，灌溉面积达到

了900万亩。黄河水的灌溉使得河套地区成为"塞外江南""塞上粮仓"，自古农业发达，是重要的商品粮、油生产基地。

磴口的葵花和西瓜都很有名，当地有一种西瓜品种"华莱士"刚好上市，小摊位的广告上写着"像蜜一样甜"，这得益于黄河千万年来冲刷下的沙壤土。

"磴口"的意思是因为河岸的河槽基层坚硬，河水不容易冲淘，而上面覆盖着松散的沙壤土，水涨水落之间，时间久了留下一级级台阶，这就是"磴口"，是黄河上的一个重要码头。

黄河九曲十八弯，最大的一弯在河套。"黄河百害，唯富一套"，我想起臧克家在《毛主席向着黄河笑》里说的，"富庶的河套，是黄河所给的一点甜头"。磴口县就处于河套地区，黄河经常泛滥成灾，但也十分慷慨地造就了肥沃的河套。

博物馆里的阴山岩画。（曹燕　摄）

老牛湾，因长城与黄河在这里第一次"握手"而闻名天下。（张珺楠　摄）

阴山
意味着什么

寻找阴山格尔
敖包沟岩画

穿过磴口县城连绵的向日葵田、西瓜地，转入一条穿沙公路，如果要去阿拉善盟，就沿着这条路一路往西。路标显示有一条岔路可以通往纳林湖，有一首优美的歌《我在纳林湖等着你》，据说那里水鸟蹁跹、芦苇荡漾，就像是沙漠中的一块飞地。

路标上还有秦汉长城的痕迹，内蒙古是全国长城分布最重要的省份之一，据调查总长度7570公里，包括战国时期的赵燕秦三国、秦朝、西汉、东汉、北魏、北宋、西夏、金、明等多个历史时期，分布在12个盟市的76个旗县区境内。秦汉长城就在阴山的深处，那是一道由石块筑成的长城，随山势起伏绵延不绝，东西相望不见首尾，为公元前214年蒙恬所筑。

穿沙公路上黄沙漫漫，但是路边也有生机，道路两边的树木长得淡薄纤细，生长得很顽强。当地人说前些年刮大风的时候，穿沙公路完全被沙子覆盖，根本没法开车，这些年的生态环境已经改善了很多。

如果不是长期坚持防风固沙，今天的乌兰布和沙漠或许早与毗邻的库布齐沙漠、毛乌素沙漠连成一片，那将是中国腹地面积最大的新沙漠，后果将不堪设想。为了固定流沙，人们采用了很多方法，其中之一就是设置人工沙障，铺设被称为"中国魔方"的草方格，是世界范围内防治沙漠化的成功经验。

继续行驶在阴山南麓的110国道上，漫漫黄沙扑面而来，西北部连绵的群山就是"不教胡马度阴山"的阴山了，阴山是横亘在内蒙古中部东西走向的一条山脉，东西绵亘1200多公里，南北宽约50~100公里。我眼前的阴山是横亘在磴口县城背后的一道宏大的幕布，也是一道历史的分界线，一边是农耕，一边是游牧。

阴山的蒙古语为"达兰喀喇"，意思就是"七十个黑山头"，包括狼山、乌拉山、大青山、灰腾梁山、大马群山等一系列山系，最高峰为西端的呼和巴什格山，海拔2364米。

阴山自古就是内地汉族与北方游牧民族或交往或争夺的重点，当然也少不了攻守征战，烽火硝烟。敕勒川、阴山下的辽阔苍茫，有王昌龄的"但使龙城飞将在，不教胡马度阴山"，元稹的"年年买马阴山道，马死阴山帛空耗"等。在我心里，"阴山"两个字几乎成了一个充满空间感、历史感、沧桑感的符号。

阴山山脉如同一条东西走向的长虫，几乎寸草不生，灰黑色的山脊峥嵘嶙峋，远离我曾经对它水草丰美的想象。司机笑呵呵地说，是

阴山的蒙古语为「达兰喀喇」，意思就是「七十个黑山头」，包括狼山、乌拉山、大青山、灰腾梁山、大马群山等一系列山系，最高峰为西端的呼和巴什格山，海拔2364米。

杨家将烧成这样的，你们不知道吗？

磴口当地有一个传说，杨家将名将焦赞抵御匈奴，与金军在阴山脚下大战三天三夜，金军终于弹尽粮绝，只好上阴山山脉躲藏。焦赞下令，大火焚烧阴山，这一把大火直把阴山烧得寸草不生。这个举动惊动了天庭，太上老君云游四方，来到阴山上空，酷热难当，看到阴山山脉寸草不生，黝黑发亮，遂将王母娘娘的山榆籽撒向人间，才有了今天稀稀拉拉的山榆树。

我此行的目的是寻找阴山格尔敖包沟岩画，据说就在这条路上的某个岔口，有一块不起眼的指示牌会指明方向。阴山岩刻最早是在公元5世纪由北魏地理学家郦道元所发现，并记录在《水经注》中。这些藏匿在山沟中的古老岩刻最早可以追溯到石器时代，大部分出现在秦汉时期，一直延续到晚清。

我曾经在博物馆的资料中看到过那些古老神秘的图画，资料中对它的具体地址却语焉不详，阴山山脉中有无数条沟。但是我对那些古老模糊的图画印象深刻，不可言说的自然力、对万物的喜爱与崇拜、人类最初的话语，笨拙到令人久久感动。而且，磴口县的阴山岩画还未成为一个景区，正是这种未开发状态更加强烈地吸引我前往。

一路上，我没有发现"格尔敖包沟岩画"的路标，意外地，一块简单的指示牌"阿贵庙"指向阴山山脉的腹地，以前我在有关内蒙古文化的书籍中听到过阿贵庙，同样也是语焉不详，这次偶遇算是惊喜。

继续前行，两边的山脊上有时能够看到缠绕的蓝色哈达和经幡，山路曲折，又走了十多里路，峡谷有时开阔，有时紧缩成一线天，依然是寸草不生、怪石嶙峋，层层叠叠一直堆到了天的高处，峡谷里偶尔飘过一大朵云，天光云影在峡谷里快速流转。

直到峡谷前方的石壁上开始出现很多佛像，说明阿贵庙快到了。我们已经驾车在峡谷里穿行了很久，我在想，当年是什么力量支撑这些有信仰的人长途跋涉，来到这人迹罕至的地方？这件事情本身的不可思议，也许就是信仰吧。

阿贵庙属藏传佛教红教派道场，奉其创始人莲花生为祖师。这是中国西北地区最大的红教庙宇和内蒙古红教派唯一的活动场所，从而被列为内蒙古自治区12个重点寺庙之一。"阿贵"蒙语的意思是"山洞"，阿贵庙的山崖峭壁上一共有5个岩洞，每个山洞中供奉的佛像不同。

阿贵洞是最容易到达的岩洞，山崖间风马旗和经幡飘荡，峡谷内没有绿色，只有被风蚀

乌海郊外的百眼窟。

雕刻过的巨石，阿贵洞内幽深神秘、阴冷潮湿，佛像和经幡泛出光，一位年长的喇嘛坐在门口，和前来的当地信众小声攀谈，不小心接触到他的目光，目光稳定，和他的神态一样安宁。因为阴冷，山洞里有滴落的水，如果仔细听，可以听到水滴落下来的叮咚声。

峡谷内还有一处"神泉"，传说是莲花生大师留下的灵药，可以包治百病，磴口县包括临河一带的人们，经常会专程来这里取水。这种景象在别的传说里也有，喝一口"神泉"包治百病，很难说人们是信还是不信，一种集体性的取水活动，大众参与其中的狂欢模式，是出于内心无意识的相信和信任吧，民间信仰亦是人间烟火。阿贵庙庙会是每年的盛会，从农历七月初一开始，到七月初十达到最大规模，这期间来求取"神泉"的人也最多。

这是我吃过的最好吃的西瓜

我没有心情求取"神泉"，阴山岩画的路标还没有找到呢。还有一个问题始终困扰着我，阴山看起来犹如长龙蜿蜒，但是却不如横断山脉、喜马拉雅山脉那样遗世独立、高不可攀，我甚至在想，会不会有人从哪个山口穿越阴山而来。

结果，还真有，有两个风尘仆仆的人站在路边拦车！这一路上几乎很少见到车辆，根本没有村子，也没有厂矿，他们不是从阴山那边穿过来的，难道是从地里冒出来的吗？我们决定搭他们一程，一方面是好奇，另一方面走了几个小时一个人影都没见到，突然看到两个人还觉得挺开心的。

听不太懂他们说的汉语，交流不是很畅通，其中一个人指了指阴山的北面，"就是从那里过来的"，也没说清楚到底是家在峡谷里还是峡谷里有矿场。资料说阴山的南北宽有50~100公里，其间有许多两山夹峙的峡谷，它们就是南进北下的重要通道。两千多年前汉匈战争时，汉王朝派兵越过阴山北击匈奴，经常经由定襄、云中、五原、朔方等几条路线进军，跨越阴山，进入高原地带。而匈奴从漠北南下时，也有自己的路径。

峡谷里一直都有路，也就是说他们徒步走了几十公里出来。望着他们沟壑般纵深的黝黑面孔，衣衫褴褛。同伴冒出一个奇怪的念头，他们是从盗墓笔记里走出来的人吗？又说，不会是从蒙古国走过来的吧。后来连司机也开玩笑似的附和她的想法，"很可能是

从蒙古国过来的，他们能听懂一些汉语，但是说得不灵光"。

"你们知道这附近哪里有岩画吗？"这两个人赶紧摆摆手说，过了过了。意思是，我们已经错过了路边那个小小的路牌。他俩也在路边下车。等我们调转车头折回，再细看路过的沟口，路基和峡谷沟口之间斜立着一块手写的长方形路牌，"格尔敖包沟岩画"！字迹模糊，和灰黄色的峡谷融为一体，这是旅游开发还没有开始前的朴实景象。

也可以说没有路，只是痕迹模糊的砂石路，一个转弯不小心，车有点托底，我们全部下车，司机开足马力，车轮在沙地里激烈翻滚后才挣脱出来。我想起之前在阿拉善左旗的沙漠里被陷，一辆车牵引另一辆车，大家一起把

车推出来。可是现在我们只有一辆车，前进还是后退，距离岩画还有14公里，司机早就提醒过我：只有四驱越野车才行，信号不好，一辆车困在沟里非常危险。

太阳已经偏西，那就算了吧，我说。阳光在峡谷间流转，倏忽之间的光线不断跳动退后，我好像看到了峡谷岩壁上精彩绝伦的岩画，它们动起来了，扭曲笨拙，生命最初的感动和印记。虽不能至，心向往之，我在持续的想象里找到了慰藉自己的借口，司机也如释重负。

岩画的地域分布很广，阴山岩画、贺兰山岩画的分布从贺兰山到阴山，大兴安岭一线水源充沛，动植物丰富，自古以来就是草原游牧民族的一条交通线。从黄河两岸顺流而下，沿着阴山山脉和大兴安岭的走向一路向东。在水草丰美的地方，人们会停下来临时定居，而当环境发生变化，就不得不继续迁徙。在充满了不安的生活之中，刻制岩画是精神生活的一项重要内容。

我被资料里的很多岩画震惊过，贺兰山崖壁上的圆形人面岩画有着重环双眼、睫毛，头部上方有着放射线状的光芒；格尔敖包沟岩画里，有着三角面孔的外星人模样，耳朵尖尖、眼大如灯；更多的岩画是关于放牧的畜群，羊群、骆驼、马群……那是文明最初的启蒙，人与自然赤诚相见。

可是在几千年之后，今天的我们依然被道路阻隔，仅仅是担心车陷，就足以让一个当代旅游爱好者望而却步。而我之前的疑问：当年

是什么力量支撑那些有信仰的人来到阿贵庙修行，路上那两个人走了多远的路。我们的望而却步和他们沉默的前行相比不值一提。

等我们再次路过那两个人下车的地方时，早就不见了那两个路人的踪影，他们好像又再次消失在阴山山脉的巨石峡谷里。回到磴口县城的路上，从漫漫黄沙路驶入耀眼的葵园和连绵的玉米地，从游牧文明跨入了农耕文明，一个下午的时间，在两大文明之间往返了一趟。

阴山峡谷里的下午，偶遇了阿贵庙，最后依然错过的格尔敖包沟岩画，还有那两个路人。在旅游开发还没有展开的阴山峡谷里，一路上有很多奇遇。曾经短暂地和他人的生活擦肩而过，曾经短暂有过一些宏大命题的神思，曾经非常接近目标目的地又放弃，这就是旅游的意义。

虽然没有看到格尔敖包沟岩画，目标未达成，但司机并没有给我们减少费用的意思，用旅游的行话说，这就是不可抗力。为了弥补我们的遗憾，精明的他从后备厢里变戏法一样拿出了西瓜，说这是磴口的特产。

在烈日和失落的双重夹击下，这个时候出场的西瓜真的很应景，找一个阴凉的地头，河套平原沙壤土出产的西瓜硬朗结实，一只手用力就可以拍开，红色沙瓤的果肉裂开成甘甜饱满的果肉，汁水很快招来了一些巨大的黑蚂蚁，我坐在沙堆上，身后是远去的阴山和即将落幕的太阳，感慨这是我吃过的最好吃的西瓜！

去往额济纳的路上，经常能够看到的防沙网。（曹燕　摄）
乌海湖的沙滩生活，十分梦幻。（曹燕　摄）
去往阿贵庙的路上。（曹燕　摄）
巴丹吉林园区——曼德拉山景区。

富饶的城
地上有骆驼和牛羊
地下有宝藏

从磴口县经过穿沙公路一路往西的景象，无边无际的辽阔苍茫，也可以说十分单调。

真的单调吗？真相并非如此，我后来了解沙漠了，才理解在阿拉善有，从石砾到稀疏的覆盖地表仅仅1%的超级旱生植物、到处游走的骆驼、分散的水源、相隔遥远的人家、在距离中孕育的生机。沙漠表面看起来很单调，但是沙漠里有很多宝贝，沙葱、锁阳、苦苦菜、沙竹、沙米、沙菊、猪毛菜都是可以食用的沙漠植物，当然，肉苁蓉、锁阳更是沙地里的宝贝，作为珍贵的补品经济价值极大。

"遥远的海市蜃楼，驼队就像移动的山，神秘的梦幻在天边，阿爸的声音若隐若现，神秘的梦幻在天边，阿爸的声音若隐若现，啊我的阿拉善，苍天般的阿拉善……"在路上，《苍天般的阿拉善》响起的那些时刻，声音在天高地阔的苍茫之中回荡，不禁凛然一动。是啊，用母亲的温柔来形容这片广袤的土地并不恰当，这是一片有着父亲般的沉默、无言、慷慨的大地。

穿过贺兰山这道屏障，来到巴彦浩特，蒙古语的意思是"富饶的城"。站在巴彦浩特的

任何一个地方向东望去，那是南北走向、绵延200多公里的贺兰山脉——中国西北地区的重要地理界线，向东俯瞰黄河河套地区和鄂尔多斯高原，山体西侧地势和缓，没入阿拉善。

贺兰山山体巍峨连绵，沟壑分明，山沟沟里有森林，在山峦之间形成毛茸茸的阴影。神奇的是，两条温柔平缓的山梁由贺兰山西麓伸出，如同张开的臂膀从南北两侧拥抱巴彦浩特，并非出自人工的改造，而是自然生长的奇妙，当地人称为南梁和北梁，据说还是当年巴彦浩特的创造者定远营中王爷府的优质牧场。

正是盛夏季节，巴彦浩特上空云朵两三朵，东边的贺兰山顶云层密布，山体显出黛色，远远望去像是进入了南方的山林。但巴彦浩特期待一场慷慨的雨水却不容易，经常是乌云在贺兰山顶停留一会下几个雨点，又走了。

贺兰山国家级自然保护区的护林员王卫民，是土生土长的巴彦浩特人，知道贺兰山的脾气，"今年旱，山下草丛里的蚱蜢都少了，去年雨水比较好，草丛里的蚱蜢都蹦得欢实，

沉默地盯着车窗外，我怀疑那些不高的光秃秃的山丘就是沙丘，风一吹就会散掉，然后聚集在另一个地方成山，再散去。循环往复。事实却不是如此，近距离观察那些沙山，已经在时间的河流里被漂洗得结结实实，近了看还有一层层的纹路。

今年草丛里的新草都长得没有精神。你看嘛"，王卫民拨开匍匐在脚下的一丛草，捋出半枯的草芯。

一张老照片里，瑞典探险家斯文·赫定1926年来到贺兰山下的时候，山前还有不少明泉，"山头上有水，贺兰山顶上也有水"。在王卫民看来，贺兰山，能截住水汽。在他小的时候，贺兰山远远看去就像是富士山，山顶常年积雪，春天的时候，家里人会带着孩子上山捡蘑菇，当地人称为"贺蘑"，做汤炖肉都极为鲜美，一般一次能有一麻袋的收获。现在的贺兰山国家级自然保护区，实行严格的生态保护措施，人们进山需要查验进山证。

我在7月上旬的某一天，站在笼罩雾霭烟云中的贺兰山山脚下感慨，贺兰山啊，看上去端庄又温柔，根本就不像历史教科书里写得那么铁骨铮铮。

王卫民告诉我，贺兰山的苔藓很厚，这就成了主要的蓄水层，像海绵一样，能有效地吸收降水，并渗入地下，补充地下水源。现在我面前的其实是一座表面干涸、内在蓄水的山。据说前些年断流的泉眼，这几年又有复涌的情况。

贺兰山的地形以及良好的植被对东面的银川平原来说有重要的保护作用，也可以从这个角度理解贺兰山西侧的巴彦浩特，蒙古语称为"富饶的城"——地上有骆驼和牛羊，地下有宝藏。在巴彦浩特市区闲逛，才知道这里的公共福利好，政府出钱买单，巴彦浩特实现了全面免费乘坐公交车，以及高中免费教育。

乘坐免费公交车在定远营附近下车，爬上了棋盘山，依然算是巴彦浩特的一个地标性制高点。夜色降临，站在棋盘山上，远眺巴彦浩特的主要建筑外观，其以灯光来勾勒出线条，这座荒漠草原上的城市，看起来婀娜摇曳，塞外吹来的七月的晚风凉爽清透。

城市中心湿地景观公园是画龙点睛的部分，是利用城市废水进行的循环利用工程，生态公园里颇有野趣，高大的灌木，水边的芦苇荡，木栈道一直通向湿地深处，远远的贺兰山勾勒出弧度，徜徉其中，不时有青蛙蹦蹦跳跳跃过草丛，完全忘记这是在塞外的城里。

巴彦浩特是明珠般的存在，生活在这里的人总有脱口而出的数字，年均降水量仅为40~200毫米，年蒸发量却在3000毫米以上。阿拉善的大部分面积都是绵延起伏的沙漠，如同层叠的山峦，在沙丘戈壁之间，一般牲畜难以食用的稀疏草丛和灌木养育了大量生命力极强的"沙漠之舟"——骆驼。

骆驼

春天放出去
秋天才回家

"从沙漠出来的时候，膘情都很好，身上带着草籽，走出来会撒落到各处。"骆驼是阿拉善土地上沉默、高大、灵动的生物。有时候在路上，车会被一群骆驼"拦截"，呼唤人们走进广阔的天地和它们做游戏。

我在阿拉善当地认识了一个骆驼专家乌尼孟和，他是绝对的"骆驼通"，只要讲起骆驼，他就激动得滔滔不绝，不断向人们灌输各种和骆驼有关的知识，一般人几天下来都会被他感动，直到自己也对骆驼产生了特殊的感情。

一般三四岁的时候，骆驼就开始穿鼻弓子、调教，骆驼很聪明，调教七八天就能知道自己的主人是谁，别人都不能碰它。主人骑在它背上它就很听话，生人要骑就可能被摔下来。调教骆驼主要是在它饮水的时候，它们会过来用鼻子闻来闻去，饮水的时候要跟它们说，"过来喝水"或者"趴下趴下"。该趴下的时候就要把鼻弓子的缰绳往下拉，让它们懂得意思。骆驼认识主人、认识家，都是靠饮水加深的印象。

阿拉善是双峰驼的故乡。（浦峰 摄）

也不是所有的牧民和骆驼都遵守传统的规矩。我在路上还认识了新一代牧民巴里，他的身份很多，在阿拉善无垠的沙漠里练就了骑摩托的本事，是全国越野摩托车赛冠军；是农民，种了很多玉米地；是牧民，养了55峰骆驼，春天放出去，秋天才回家的骆驼。为什么？因为巴里的骆驼行走的领地是贺兰山覆盖的广大区域，不缺水喝。

有的老牧民会给自己的180峰骆驼取名字，然后根据它们在沙漠里行走的蹄印就能分辨出是自己的哪一只骆驼，年轻的巴里没有那个本事，十多个小时后，当巴里终于找到自己的骆驼时，它们并不和他亲近，"它们要等到十月份回家的时候，才会认我呢"。

有的骆驼羔子生下来因为身体太弱，人们就会把羔子拿走用棉被包起来，如果羔子身上沾上别的味道，骆驼妈妈就不认了，这个时候人们会唱起"科斯科斯科斯"的调子，或者拉起胡琴，连着几天后，母骆驼就会流下眼泪，就认羔子了，并让它吃奶——乌尼孟和说的这个故事，我之前在草原上也听过类似的关于羊羔的故事，所有生命都有相通的部分。

和一般的家畜不一样，骆驼基本上是半野生的。它们知道去哪儿找到可以吃的草，有自己的采食习惯，秋天吃沙米，冬天就去盐湖里吃点碱草。每年一开春收完驼毛，骆驼就跑出去了。有的时候会进入沙漠，里面有湖水喝，湖边也有足够的草料，从沙漠出来的时候，膘情都很好，身上带着草籽，走出来会撒落到各处，把种子撒落进大地的深处。

因为一路上增长了很多关于骆驼的知识，在阿拉善的旅行变得富有人情味。以至于我在路上、在旅游区看到骆驼，都觉得格外亲切，它们都有一双美丽温柔的大眼。夏天的骆驼不太好看，有的脱毛很严重，看得人心疼。11月的骆驼很漂亮，每年在巴彦浩特都有银驼节。

额济纳

海市蜃楼长成了贪吃蛇

从巴彦浩特到额济纳旗是漫漫长路，公路两侧能够看到固沙网格。没有来到沙漠的时候，无法想象修建穿沙公路的艰辛，很多时候是知其不可为而为之。听说风沙肆虐的时候，远远看去一堵黄沙巨浪的墙呼啸着汹涌而来，一阵风沙又覆盖之前的劳动成果，如此反复。

如果能够在长路上看到一个生命体，会特别激动，给长路的单调建立了一个坐标，特别是当我看到了一个女人。护路工人中的女人，红头巾是最理想的性别识别物，黄沙漫漫中的一抹明媚，更多时候修路工人们全副武装包裹严实，会戴上大大的风镜遮住脸的大半部门，完全分不出性别。

额济纳快到了，越过沙丘，我以为前方还是无垠的沙漠，嘴里和鼻腔里有一种呛人的干涩挥之不去。突然，眼前出现了一片湿地！水边有蓬蓬的青草、几只水鸟，在沙地和灌木之间有几头骆驼在觅食，定位显示是"天鹅湖"，再往前，湿地汉河上溯到一条宽阔的河流，黄色浑浊的河水翻滚着，是黑河水，额济纳到了。

黑河是额济纳唯一的地表水源，地下水也靠黑河水补给，黑河在额济纳又叫弱水和额济纳河，对额济纳来说，黑河就是"母亲河"。没有黑河水，就没有额济纳。

额济纳旗旗府所在地达来呼布镇，蒙语的意思是"大海般的深潭"，这里曾经拥有辽阔深邃的丰美水草。还没有到胡杨最美的季节，街上几乎没有人，开着的店铺大多掩着门，招牌被暴晒到发白发虚，我走在八月明晃晃的阳光下，走了一会就头晕目眩。

"大海般的深潭"，说的是三千多年前的事情。黑河的归宿——居延海可以为证。历史上的居延海，是我国最早的农垦区之一，早在汉代就开始了农垦。居延海还是穿越巴丹吉林沙漠和大戈壁通往漠北的重要通道，是兵家必争必守之地。《史记·匈奴列传》中记载："（汉）使强弩都尉路博德筑城居延泽上。"相传，西汉的骠骑将军霍去病、"飞将军"李广，进攻匈奴时都曾在居延海饮马。

据说在元朝时，意大利人马可·波罗到过居延海。隋唐时这里属于突厥，大诗人王维更是驻足岸边，并写下了著名的《出塞作》："居延城外猎天骄，白草连天野火烧，暮云空碛时驱马，秋日平原好射雕。"宋代时这里在西夏国的统治之下，是当时西夏政治、经济、文化中心之一。土尔扈特部落从伏尔加河东归，最后由清廷准许落脚额济纳，直至民国商旅，都在居延留下过足迹。

居延海的湖面因额济纳河的改道而时有变动，清代以来又分成了东部的苏泊诺尔（蒙古语"母鹿湖"）和西部的嘎顺诺尔（蒙古语"苦湖"）。两湖之间相距约35公里。

西居延海1961年干涸以来，一直被白茫茫的碱漠和黄沙覆盖，东居延海干涸了数次，到1992年彻底干涸。居延海的干涸是由黑河水量逐年减少所致，据说前些年北京沙尘暴严重，专家考察队溯风而上，一路向西追查风沙之源，一追到额济纳旗。在这里，人们发现历史上有名的居延海已经干涸了。湖底一片沙砾，广袤的居延绿洲已全部沙化，大片胡杨林在枯死，2002年17日黑河水流入东居延海后，干涸十年之久的东居延海重现波光粼粼。

我们从达来呼布镇前往居延海，遥远的天边开始隐约出现起伏的山丘浮在水面上，道路延伸的前方总是有水光，到了跟前，又没了，如此反复，道路前方的水光长成了一条贪吃蛇。我才意识到，这就是海市蜃楼啊，是光线经过不同密度的空气层后发生折射之后的幻象。

路边除了粗粝的沙石，什么都没有，只有远方的海市蜃楼在召唤我们，之前在路上还能看到的骆驼刺也少见了，寂静荒凉的戈壁，沙砾呈现出发白的黄灰色，铺天盖地的寸草不生。

到达居延海，景区临时关闭，据说是因为前几天有人在居延海中不慎落水溺亡，联想到它10年前的干枯，周围寸草不生的沙砾，这个新闻听起来就像是海市蜃楼一样不真实。在沙漠里，行人常常会被海市蜃楼的景象所迷惑，以为前方有水源而奔去，但总是可望而不可即。

透过居延海景区大门的缝隙，可以眺望到一片大泽，真正的一片大水面，那就是居延海。谈不上丰盈荡漾，毕竟这里是年平均降雨量只有40毫米，而年水分蒸发量却是年降雨量的60~70倍的额济纳，沙漠就像是海绵一样，吸收了所有的水分，空气十分干燥。

我在想，为什么那么多人都中意"居延海观日出"，这是一个额济纳旅游经典项目，想象着清晨时分，天色千变万化，在幽蓝宽阔的水面上，日头从芦苇荡的尖尖上升起来，水鸟惊起……要说也没有特别惊艳的地方，只是因为这是在额济纳吧，这是被认为"不适宜人类居住的地区"，突然在一片戈壁上出现大湖，就像是海市蜃楼一样不真实。所以，居延海日出时的生机才那么让人百感交集。

居延海景区大门口聚集了几个像我一样远道而来却吃了闭门羹的游客，流连之余刚好有一群湖鸥在滑翔，可能这些精灵这些年被游客投食惯了，绕着我们久久盘旋。有人拿出干粮抛向天空，那些湖鸥俯冲下来又盘旋而去，清澈干爽的空气里留下鸟儿翅膀振动的回响。

并没有像寻找阴山岩画而不得的失望，我此刻觉得，根本不需要进景区乘坐游船绕湖一周，我就已经获悉了居延海的通关密码。

（曹燕 摄）

胡杨

金色的硬通货

当地人每每说到胡杨，口气都透出一种骄傲：一棵树上长了三种叶子，有柳树的叶子、杨树的叶子，还有榆树的叶子，全都长在一起，别的地方你肯定找不到这么神的树。

大多数人来额济纳都是为了胡杨林，金光闪闪的胡杨林。我来得尚早，叶子还没有泛黄，据说国庆节的时候，一间平时二百块不到的普通标间在黄金周期间可卖到一千八百块，如果不是提前预订还订不上。达来呼布镇上，任何开门的店铺都是奇货可居，街上只要开门的饭馆都有人在排大队……额济纳的黄金旅游期很短，金色的胡杨林，真是金灿灿的硬通货啊。

人们总是赞美胡杨，惊叹胡杨的生命力和意志力，说它活千年不死，死千年不倒，倒千年不朽。这其中更多的是人们对生命的一种诗化，一种自我情感的悲壮寄托吧。事实上，胡杨虽被称为戈壁沙漠中的王者之树，但它的生存仍然需要依赖较为充足的水分，胡杨林生长比较好的地方都是靠近黑河水的地方，否则连一二百年甚至几十年都难保存活。

说起来，额济纳旗的胡杨还算是比较幸运，在新疆塔克拉玛干的楼兰、尼雅及且末一带，生态环境更为恶劣，即使是死去的胡杨，现在也只能见到零星的一些。黑水城附近的怪树林，就是因为20世纪90年代初黑河上游用水无度，造成下游地下水位下降，致使2000亩胡杨林枯死。

夕阳下的怪树林，也许是因为有一层柔光打底映衬，旅游指南中说它是胡杨的尸骨，我却并不觉得狰狞，胡杨的树干因为失去水分一捏就碎，好像沙子在我手里细溜着漏下，夕阳下怪树林的剪影，被风与沙雕刻成形。游客来到额济纳是为了金色的胡杨，阳光下、湖水倒影的胡杨都闪亮易碎，易碎的东西总是珍贵、短暂而让人惆怅。

胡杨的幼树和嫩枝上绒毛密生，叶子变异很大，嫩枝上的叶子呈线状披针形，而老枝上的叶子却变成卵形或肾形，所以又称为异形树。当地人每每说到胡杨，口气都透出一种骄傲：一棵树上长了三种叶子，有柳树的叶子、杨树的叶子，还有榆树的叶子，全都长在一起，别的地方你肯定找不到这么神的树。

黑城景区内。(曹燕 摄)

黑城 断断续续的迷宫

怪树林不远处的黑城,一座连一座的沙丘已经涌上了城墙顶,连成一片。风过处,细细的沙尘顺着墙流泻下来,形成一面面缓坡,一阵阵风吹过,好像水波跌宕,总觉得有秘密潜藏在沙漠城堡里。黑城遗址是古丝绸之路上现存最完整、规模最宏大的一座古城遗址。根据史料记载,公元九世纪,西夏政权在此设置了"黑水镇燕军司",公元1286年元朝在此设置了"亦集乃路总管府",公元1372年,明朝大将冯胜攻破黑城后此城废弃至今。

在当地流传着一个故事,传说当年驻守黑城的是一位威名赫赫的黑将军——哈拉巴特尔。一天,大军围攻,无奈城固粮丰,不能攻破。后来,进攻者根据守城叛卒的口供,在上游截断了通过黑城的弱水,断了水源。黑将军见情势危急,命令城众居民掘地挖井,但挖到八十丈深仍未见水。绝望之下,黑将军将全城珍宝八十余车悉数投入枯井,并亲手杀其妻妾子女,以免遭凌辱。黑将军率兵冲出城墙临时决开的豁口,血战突围……这个故事并不知道真假,但北墙根倒是真有个豁口。

城墙上的宝塔,算是黑城保存最为完整的文物。黑城出土了大批文物,其中最著名的就是俄国人科兹洛夫对黑城的几次盗取挖掘的文物,特别是1909年,科兹洛夫再次来到黑城,西墙处的佛塔被他掘开,展现出来的宝贝令人惊愕,完好无缺的数千种各类刻本抄本,数量达两万四千卷之巨的古代藏书,三百余幅"好得不能再好"的绘画精品,以

及其他大量精美绝伦的珍贵文物,他在之后写的游记《蒙古与青海及哈拉浩特遗址》中写:"我永远不会忘记,当我用铁铲挖掘几下,就发现一幅绘在布帛上的佛像时,心中充满的那种惊喜情绪。"100多年前,科兹洛夫发掘黑城的结果一经公布,震惊了世界,也招惹其他各国的探险家纷至沓来。

而我此刻正走在黑城遗址的木栈道上,黄沙经常把栈道覆盖,以为没有路了,翻过一段沙丘,又接上了上一段栈道,夯土的墙壁,发出窸窸窣窣的响声,时断时续的栈道蜿蜒成时间的迷宫,情节和谜底都藏在沙子里。

"城墙上方的游客,赶紧下来!"景区广播喇叭里一遍遍播放着提醒警告。这座被风蚀得厉害的古城遗址,沙坡已经侵蚀到城墙上面,形成了一道道斜坡,有的人也许不知不觉就走到了城墙上,宝塔的基座上已经有多处游客刻下的"到此一游"。坍塌的烽燧、沙漏下的窟窿、洞开的豁口,广播的提醒警告不断响起,走在黑城里,感觉身后有无数双眼睛盯着自己。

黑城遗址旁边还有多处遗址,大多已经坍塌,城墙的棱角被磨平,沙丘上立着一些考古数据标识牌,都是一些神秘的数字,例如K798城,荣光已经隐匿在时间里,就像黑河消失的河道一样,除了白花花的沙土,就是沙土上枯死的胡杨,巨大无比而且骨骼狰狞,每一棵都离得很远。

推荐 南寺也叫广宗寺

这和仓央嘉措的故事有关，据说他在往来于青海和阿拉善之间选中了贺兰山西麓的一条幽深灵性的山谷。山谷的尽头，可以背倚的群山如八瓣莲花般绽放，这是贺兰山主峰的西北侧，一个群山环抱的宽阔地带，南寺就屹立其上。1760年，乾隆御赐南寺名为广宗寺，授予镌有藏满蒙汉四种文字寺名的御赐金匾。

夏秋时节来到南寺的话，山脚有成熟的蒙古包住宿，晚上有满天繁星，看黑色的骏马穿过山岗，熟悉仓央嘉措的人，对于南寺的理解和体验又会更深一层吧。

东风航天城

酒泉卫星发射中心又叫东风航天城，20世纪60年代时，"东风"曾是发射基地与北京三总部通信的代号，基地一直沿用了"东风基地"这一名称。所以说，酒泉卫星发射中心核心部分就在内蒙古额济纳旗。

《历史的记忆——额济纳旗与东风航天基地建设史料》中说，1957年秋，中央军事委员会（简称中央军委）批准了《关于建设导弹靶场和试验场的规划（草案）》。经过紧张的空中和地面勘察，走遍东北、华北、西北。1958年3月，最终将靶场地点选在了内蒙古额济纳旗。当时，中央军委划定的禁区范围，约占全旗面积的三分之一，禁区内有260多

东风航天城，也就是酒泉卫星发射中心。（曹燕 摄）

户牧民1100多人，还有一个佛教寺庙和72名喇嘛，约占当时全旗总人口的三分之一，牲畜7万多头，约占全旗牲畜的一半。要求当年9月底前全部搬迁完毕……经过努力，搬迁工作比预定时间提前完成，这是额济纳土尔扈特人二百多年后的第二次大迁移。

穿过"天上无飞鸟，地上不长草，四处无人烟，风吹石头跑"的戈壁滩，在巴丹吉林沙漠的边缘，就能远远地看到高高耸立的载人航天发射塔，航天城整体地势要低一些，是荒漠中隐匿的绿洲，令人错愕的满眼

巴丹吉林沙漠。

的绿色。

在一片树林旁边，白色的火箭模型旁，婀娜的"飞天"雕塑之下还有池塘，池塘里有长发般飘舞的水草和金鱼，就像是园区外沙漠中最容易看到的海市蜃楼一样。东风航天城更像是一个小城市，剧场、学校、医院，火车站一应俱全，隔绝于额济纳的戈壁之外。

载人航天发射塔是蓝色的钢铁巨人，十分壮观，张开的用于固定航天器的两侧抱臂，抱臂内部是分层的结构，那是工作台。电梯是因

为中间还有一个等高的圆柱形建筑而建造的，是留给航天员的逃生通道。发射塔的下方是厚重庞大的水泥地基，在发射塔的正下方是喷射焰导流槽，呈U形，用这样的特殊结构保证航天器的喷射火焰可以通过地下，从发射塔的两侧斜向上方喷出。

发射塔塔基下有一个无比巨大的冷却井，每次发射都要用去大量的水，黑河的水。我自动脑补了那些电视直播的画面，剧烈的喷薄而出的力量，挣脱地球的引力，一直向着未知飞去。

四

长城北望草青黄

长城北望草青黄

——从乌兰哈达到乌兰察布的游牧人世界

越野车队从张北的群山间呼啸着向西北疾驰，山峰与树木急速地从两侧退向后方，猛然间，瞥见一闪而过的指示牌上写着三个大字"野狐岭"。在荫翳的天气中，这三个字如同闪电一般，击中了我略微困乏的内心。

我知道，广阔的漠南草原就在前方不远处了。

由于水系分布的原因，内蒙古高原北部的河流大多向北流向北冰洋，或者东流，随黑龙江而去；南部的河流则主要向南流淌，以黄河流域和辽河流域的干流和支流为主。在这两个方向的水系之间，一片干旱的戈壁荒漠横亘在高原上，把茵茵碧野分割成南北两部分。历史上，戈壁以南称为漠南草原，戈壁以北称为漠北草原。

野狐岭所在的燕山山脉，正好横在漠南草原与华北平原之间，是草原帝国和汉地王朝传统的分界线，从战国时期开始，中原政权就在这里修建长城，以防御北族，直至明朝仍然热衷于以长城防御草原族群的南侵。

遥想当年，公元1211年夏，刚刚统一了内蒙古高原的成吉思汗跨出草原的第一场惊天大战，就发生在野狐岭，他以10万蒙古军击溃了40万金军，这场著名的以少胜多的战役是蒙古与金朝国运的转折点，也是中国历史的重要转折点。蒙元王朝最终一统广阔的草原和汉地，游牧民与农耕民从此天下一家。

800年后，车轮向前，我们驶过野狐岭，驶过长城，进入漠南草原，这趟旅程的目的并不是去邂逅奇装异服的陌生人，而是去探望血脉相连的自家人。

红山间的召唤

如果从今天内蒙古自治区的行政划分来描述，水草丰美、绵延铺开的漠南草原大体上从东边的赤峰地区向西经锡林郭勒一直延伸到乌兰察布地区。赤峰是汉语名字，如果翻译为蒙古语，叫作"乌兰哈达"。而乌兰察布是蒙古语名字，如果翻译为汉语，则是"红山口"。因此，这片绿色大草原是始于红色的山，终于红色的山的。

这片草原与你我的故事，恐怕真的要从几千年前的"红山文化"谈起。

考古学家在从内蒙古的赤峰到辽宁省的朝阳一带，发现了一个古老文明的多处遗址，这个文明曾经控制了从蒙古草原到辽西丘陵的广阔大地，在距今五六千年前，古人们建立了祭坛、女神庙和积石冢。这个文明被考古学家命名为"红山文化"，因为该文明最早发现于赤峰东郊红山后遗址，因此它和那座城市一样，被命名为"红山"。

红山文化出土的最重要文物莫过于玉雕龙，细长的龙身被设计成了C型，那温润的光泽、惊艳的曲线、简洁的造型……令人惊讶古人竟有如此高超的智慧和技术。玉雕龙的形象甚至在今天被某著名银行借鉴，以红色玉雕龙的形象作为该银行的LOGO，红山文化玉器的魅力穿越数千年而不减。

红山文化是尊崇玉器的文化，而玉文化是中华文明的精神根脉。灿烂的玉文化让考古学家必须重新认识草原，并让我们重新认识自己与草原的关系。

中国国家博物馆收藏

早期的中原文明是一个摆满了玉器的梦幻世界，玉是中原文明的图腾和基础，《诗经》中写道，"言念君子，温其如玉"。而红山文化在如此早的时期就跨入了玉器时代，它的很多玉器和技术深刻地影响了中原地区的后起之秀，比如商朝。从文化的角度说，红山文化是中原文化的源头之一。当然了，红山文化同样也是草原文明的源头之一。

除了琳琅满目的玉器之外，农作物也揭示了草原与中原在远古的紧密关系，它们就是小米和糜子。在赤峰的敖汉旗兴隆洼，考古学家发现了多达1500多粒古老的粟、黍碳化颗粒标本，经过年代测定发现，这些农作物已经有8000年的历史。于是，敖汉旗被世人称为"世界小米起源地"，这里是旱地农作物小米和糜子的最初种植地。考古学家甚至认为，世界旱作农业的起源地可能就在敖汉旗，这里的农作物沿着草原和平原的路径，传播到亚洲其他地区，甚至传播到了欧洲的一些地方。

今天的草原游牧民中，流行把炒米加入烧开的奶茶中浸泡而食的习惯。炒米就是糜子经过加工而成的食物，几千年过去了，糜子仍然是草原人民喜爱的食物之一。

至于小米，也即古人所说的粟，曾经是中原地区早期广泛种植的农作物，而且曾经长期是农田中的主打产品，小麦和水稻都只能退而居其次。小米是商周时期中原文明的粮食基础，而它的故乡竟然在北方的敖汉旗。

"敖汉"是蒙古语，翻译过来就是"老大"的意思。这个"老大"不简单，同时给草原和中原奉献了珍贵的农作物，在几千年历史中养育了我们的祖先。在今天的敖汉旗的餐桌旁，当地人会自豪地说，我们现在喝的不是小米粥，我们喝的是八千年的农业文化遗产。

漠南草原真是一片金玉生辉、粟黍飘香的文化圣地。我们动身前往草原的旅程，不仅是一次离家的探索，还是一次回乡的归省。走向草原深处的蒙古包，那里有与我们的血脉和文化同源的好客亲朋在欢迎我们。

草原上人与人坦荡的美德

"主人不在家，可我口渴得很，我都没有思索一下，就抽开门闩，好像回到了自己家里一样，大步跨进门去，拿起炉旁的红铜茶壶，倒了一下，没有茶。主人没有留下烧好的奶茶，于是自己动手，在蒙古包里找来砖茶、盐、鲜牛奶，在蒙古包外搬来干牛粪，烧起茶来。"

蒙古族作家玛拉沁夫记录了自己一次"擅闯"蒙古包的经历，临走的时候，他给主人留下字条：

"尊敬的主人：我是个过路人，渴了，在您家里烧了顿奶茶，很可口，十分感谢！一个不相识的客人。"

好客，是从久远的年代起，草原上代代相传的人与人坦荡无间的美德。在草原长大的玛拉沁夫清楚地知道，蒙古包的大门是对所有客人敞开的，只是为了避免牲口潜入捣乱，才松垮地闩一下，并非为了防备客人。

蒙古包是融入草原自然环境的一种民居建筑，是草原游牧民智慧的创造。在司马迁的《史记 匈奴列传》中就有这样的记载："匈奴父子乃同穹庐而卧。"可见蒙古包的起源很早，只是当时的草原民居与我们今天所见的蒙古包形式上有多少差别，还不得而知。

冬季的草原自古奇寒，"三九的严寒，会冻裂三岁牛的犄角"。蒙古包的搭建原材料完全取自草原，以木材和毛皮为主，古代不用金属、砖瓦和泥土，非常适合草原大漠的气候条件。做蒙古包的毡子及围带所用的羊毛、马鬃随处可取，所有的材料无不因地制宜、就地取材。

圆形的蒙古包无棱无角，风沙雨雪冲击到蒙古包上，会被很好地卸力缓冲，看似柔弱的建筑实际上能够抵御草原极端天气的侵袭。同时，蒙古包的顶毡大有玄机，天气炎热时可以打开，调节蒙古包内的温度。遇到雨雪天气，盖上顶毡，蒙古包就成为封闭的空间，雨雪难侵。

草原民族以游牧为生，蒙古包也就有了能够长距离迁移运输的优点。搭盖蒙古包对选址的要求不高，季节的不同、土地的干湿均不会有什么影响。山坡、沙地、草甸也可以搭建蒙古包，只要地面较为平整即可。

蒙古包是一种组合房屋，各个部件都是独立的。牧民们到达新的牧场后，把材料从勒勒车或牲畜身上卸下来，两三个人就能够很快把蒙古包搭建起来。民谚戏言："在山羊交配的工夫，就可以搭起一座毡包。"我们都对《三国演义》中关羽温酒斩华雄的故事津津乐道，而在草原上，人们点着火，熬好奶茶的工夫，一座蒙古包就在旁边搭好了。

拆卸蒙古包，比搭盖还容易。围绳、带子都是活扣，很容易解开。带子解开后，毡子和架木就自动分离。两个人拆卸不超过十几分钟。不管是放牧还是打仗，游牧人都是连家一起带走的。在蒙古帝国兴起的时代，蒙古人甚至发明了能够建造于大型勒勒车之上的蒙古包式建筑，建筑之大，号称能够容纳"一万士兵在里面排列成阵"。

或许我们可以这样说，整个草原都是这些毡帐之民的家园。同样，每一个毡房也是远方客人的家。于是根据史书记载，成吉思汗的父亲也速该才会毫无防备地顺路走入敌对的塔塔尔人的营地讨吃喝，而塔塔尔人毒死也速该成为一件令所有游牧人为之不齿的事情。

往事越千年，蒙古包中的好客之风犹存。这一次，我们一行人走入了蒙古汗城的蒙古包中。从清晨开始，这里的女主人就忙碌开来，给奶牛挤奶，捡拾牛粪，生火做饭。我们团团围坐在蒙古包中央的火炉旁，观看女主人制作奶豆腐。煮沸的牛奶在她不停地搅拌之下，越来越黏稠，待到捞起时，如同豆腐渣一般。女主人将其放入特定的模具中压实，就形成了可食的美味。

勤劳的女主人沉默寡言，却把蒙古包内外事务打理得井然有序。一会儿，她还将去剪羊毛。于我们，这又是一项"观光项目"，于她，却是日常的"工作项目"。草原上的毡帐之民处处为家，处处都能随遇而安。

敕勒川　邂逅花木兰

又是一个清晨，我从睡梦中醒来，昨夜高山草甸上的烟火表演还在我的头脑中闪回。蒙古包外似乎有什么人在走动，推门一看，竟然是几匹马儿在蒙古包周围的草甸上游荡。

这里是黄花沟山顶的窝阔台汗宫旅游度假中心。地处乌兰察布市察哈尔右翼中旗的黄花沟虽然称为沟，其实是辉腾锡勒草原上一处山地中的沟谷。辉腾锡勒的蒙古语含义是"寒冷的山梁"，这里地处阴山山脉北麓，海拔约2000米，属于高山湿地草原。黄花沟之名来自蒙古语的音译，翻译过来是"盆地"之意。

低矮的缓坡、碧蓝的湖泊、茫茫的原野，这是人们头脑中经典的草原形象。但是草原地貌形态、植被类型的多样性，其实远远超出人们的想象。即使在夏季，被草原包围的沟谷之中也清凉幽静，沟内长满了怪柳和天然白桦，白桦树也因为沟内光线的原因，树干弯曲逶迤，形成特殊的丛林景观。

这片草原上号称有"九十九泉"，其实是散落在草原上的九十九个"海子"。海子即湖泊的意思，今日北京城内的"中南海""什刹海"等地名的"海"字，正是来自蒙元王朝时期对北京城内湖泊的命名，并非蒙古人没见过大海而冠之以海。九十九泉宛如镶嵌在蓝天与高山之间的九十九颗明珠，波光粼粼，湖光山色令南来北往的人们陶醉。当地游牧民相传，"长生天"偏爱辉腾锡勒草原，于是用泥土捏出了九十九个莲花瓣状的盆子，放在草原上，汇聚众水形成了这些海子。

历史上，许多帝王将相都曾来到这片草原。辉腾锡勒草原正是北朝民歌《敕勒川》所歌唱的地方，"敕勒川，阴山下，天似穹庐，笼盖四野"。

同时，敕勒川也是传说中替父从军的花木兰生活的地方，北魏时期这里是守卫边疆的"六镇"之所，六镇将士和家眷长期生活于这片山川和草原上，即使是女人也有了金戈铁马的男儿豪情。花木兰是辉腾锡勒草原的骄傲，是大青山与黄花沟的骄傲。

《木兰辞》中有个值得琢磨的现象，对于国家统治者的称谓，既有可汗，比如"昨夜见军帖，可汗大点兵，军书十二卷，卷卷有爷名"，也有天子，比如"归来见天子，天子坐明堂。策勋十二转，赏赐百千强"。这个有趣现象揭示了在北朝时期，敕勒川地区是一块族群交融之地，是草原族群和汉地族群相互影响、相互学习的场所。

草原与汉地之间虽有长城为界，但草原族群与汉地族群的心里却并没有那道石头城墙。花木兰属于草原，也属于汉地，她甚至借由好莱坞电影走向了全世界，她的形象诞生于辉腾锡勒，属于全世界。

梦回金莲川　梦回元上都

七月明媚的午后，蛙鸣蜓飞中，我们走向了金莲川，走向了元上都。

元上都遗址位于内蒙古正蓝旗，2012年入选世界遗产名录，成为世界文化遗产。元上都的外文名字是XANADU，学者考证，这个词汇其实是以讹传讹的产物，它本来是汉语"上都"的音译而已。

元上都的巨大令人震撼，眺望四方所及的山头，上面似乎有类似敖包的建筑，但实际上，那是当年元上都的烽火台残迹。元上都作为都城，至少包含了三道城墙，从内到外依次是宫城、皇城、外城，再向外还有关厢。时至今日，考古学家依然可以从遗址中识别出城墙、城门、道路、护城河、防洪渠、宫殿、寺庙、店铺、民居、仓库等建筑基座。

金莲川草原由金世宗金口御封，得名源于草原上盛开的金黄色的金莲花，叶圆形似荷叶，但比荷叶小很多。此刻，金色的午后阳光洒向了金莲川草原，绿草覆盖的城墙、基址都笼罩在温暖的色调中，仿佛梦回几百年前这座都市里的繁华往事中。

元上都由忽必烈于760年前下令修建，当时的忽必烈还不是蒙古帝国的皇帝，所以元上都最初是忽必烈的金莲川幕府所在地，名曰开平府。忽必烈成为大汗之后，元上都与元大都即北京城一起，构成了元朝的"两都"。开平府是一个非常汉化的名称，此后被命名为上都，也是汉语习惯的名字。而元大都北京城在当时却有其蒙古语的名称——汗八里，即"大汗的城"的意思。从名字上，后人就可以看到元上都、元大都所体现出来的草原文明与中原文明相互融合的大元气魄。

从结构上看，元上都与元大都非常相似。据说元大都和元上都就连城池的中轴线都是重合的，两都相距几百公里，两条中轴线仅有几百米的误差，古人利用简陋的仪器创造了大地测量上的一个奇迹。

这并不奇怪，两座都城的设计者都是刘秉忠、郭守敬等，忽必烈的身边人才济济，英雄不问出处。元上都是亚洲北方农耕文明与游牧文明的结合典范，显示了两大文明体系在生活方式和价值观上的交融。

元上都城内的道路系统由10~12米的主干道和7~8米左右的次干道构成，既有横平竖直的中原汉式规整网格的形式，也有草原自由式布局的道路形式，后者多连通一些孤立的建筑或院落。

元上都的宫城内主要道路以大安阁为中心，延伸向四方。而大安阁建筑残存的基址位于宫城中心，今天基址之上是明清时期修建的喇嘛庙遗址，经考古推测，下层正是元代修建的大安阁。基址平面呈凸字形，东西长36.5米，南北宽30米，基址底部转角处的外缘用规整的条形砂岩围筑。基址西南角处出土完整的汉白玉龙纹柱础，高2.1米，宽0.53米，厚0.52米，雕有精美的腾龙。

大安阁的修建与南方的汉地有着密不可

分的联系。忽必烈攻陷南宋汴京后，从汴京的熙春阁取材料，经过补充后，于1266年在上都建造了宏伟的楼阁——大安阁。元代诗人赞叹道"大安御阁势苕亭，华阙中天壮上京"，可见其曾经的雄伟。作为元上都宫城的"正殿"，大安阁的地位相当于北京故宫的太和殿，元朝皇帝在此举行重大的朝政典礼，比如皇帝登基、接见外国使者等。在元世祖忽必烈之后，元成宗、元武宗、天顺帝、元文宗、元顺帝在内共五位皇帝在此登基。据推测，一些重大的历史事件就发生在大安阁，比如南宋灭亡后忽必烈受南宋君主朝降，以及忽必烈接见欧洲旅行家马可·波罗，等等。

每年夏季，元朝的皇帝会从元大都启程，来到草原上的元上都办公，在秋季返回元大都。通过这种巡回的方式，元朝对广阔的草原和汉地进行有效的管理。不夸张地说，元上都曾是那个时代的世界政治中心。

曾经于此，汉地文明的城池与草原文明的毡房比邻而居，雕龙角柱和铜金刚铃同在一座屋檐下；面貌迥异的各地商人熙来攘往，络绎不绝；肩负使命的各族群官员领命复命，为了同一个大汗或皇帝服务……那是一座真实且鲜活的中华之都，甚至世界之都。它是亚洲北方农耕文明与游牧文明的结合典范，显示了两大文明体系在生活方式和价值观上的交融。

我知道，许多当代历史学者都有着从270公里之外的元大都即北京城前往元上都遗址的经历，甚至有学者执意徒步走完这段旅程。无他，但求体验700多年前的古人心境。

站在今天的元上都遗址内，游客依然能够感受到这座城市曾经的辉煌，外城、内城和皇城的残留城垣，向人们讲述了一座草原上的帝都的繁华旧梦。

元上都展现了草原游牧文明在融合了其他文明之后，所能够达到的文明高度，元上都和元大都成为当时欧亚大陆上的梦幻都市，当之无愧的世界之中心。世界各国的使臣、商人，以及如马可·波罗一样的旅行家们，都曾经在元上都的街道走过。也许此刻我踏上的那块石砖，也曾被马可·波罗踏上吧?

夏日金色的阳光中，草原上金莲花怒放，被元末从中原杀来的红巾军付之一炬的遗址里，隐藏着数千年的文明代码，那是关于古人的红尘往事，也是关于我们自身的前世今生。荒烟蔓草七百年，古代文明是否已经走得太远，让后人难以追踪?

临近日落时分，游人开始从巨大的遗址回返。早升的月亮已经悬挂在半空中，木栈道旁的草丛中不时地跳出几只小蟾蜍，它们现在变成了这座梦幻都市的主人。

游牧系统的"三角"关系

蓝齐儿跪在战场中央，但两边的清军与准噶尔部军熟视无睹，两军策马向前，挥舞着战刀从蓝齐儿身边呼啸而过，拼死一搏。

在古装剧《康熙王朝》中，以清朝格格蓝齐儿的视角，来表现历史上著名的乌兰布统战役。其实，蓝齐儿是一个虚构的角色，历史上本无此人。

真实的历史是，公元 1690 年夏，康熙与噶尔丹各率大军，在今天克什克腾旗的乌兰布统草原展开一场大战。虽然双方都有着极深的草原民族的背景，康熙的奶奶孝庄皇后就是蒙古人，但这次乌兰布统之战却是一次热兵器战役。根据传教士的记载，两军以大炮火枪互轰，激战了一整天，最后以双方将士肉搏来一决雌雄，可见战况之激烈。如果真有一个女人跪在乌兰布统战场，她不可能从这场激烈的火器对射中生还。

乌兰布统战役的结果是，噶尔丹败逃，整个内蒙古高原乃至西域地区逐渐成为清朝的势力范围。由于这次战役，这片位于内蒙古克什克腾旗的草原如今成为古装剧热门的拍摄地点，许多表现草原剧情的电视剧比如《还珠格格》《汉武大帝》，均在此地进行过拍摄。

乌兰布统之战的文化意义在于，它可能是草原文明淡出历史舞台的一次标志性事件。热兵器的出现，让曾经驰骋于大陆几千年的游牧铁骑不得不甘拜下风，风光不再。此后工业革命席卷全球，工业化渗透到农业和畜牧业领域之中，根本性地改变了草原上传统的畜牧业形态。草原游牧生产方式在经济生活中逐渐边缘化，草原文明中流传了千百年的许多元素也逐渐消失了，比如传统的游牧系统。

如果说元上都向世人展现了草原文明所能够达到的历史高度，那么这一历史高度的根基，正是那漫山遍野的绿草和放牧牛羊的游牧民。

由于现代技术的渗透、牧场管理的改变，今天的草原上已经很难看到传统的游牧生产方式了。人们痛心疾首于草场的分割和牧民的定居化。唯有在今天赤峰市的东北部，阿鲁科尔沁旗的牧民还保留着一些传统的游牧方式。那里有广袤的草场与密布的河流，阿鲁科尔沁蒙古族游牧系统传承着草原上传统的"逐水草而居，食肉饮酪"的生产和生活方式，他们每年的六七月份离开定居点，开始游牧生活，直到十月再重新返回定居点。

在这个游牧系统内，牧民、牲畜、草原（包括河流）构成了"三角关系"，彼此之间天然地相互依存和相互制约。千百年来，这种不可分割的游牧"三角关系"延续至今，不断孕育和发展着游牧民族所独有的生产方式、生活习俗、文化特质和宗教信仰，时刻体现着深藏在游牧民族血脉之中的崇尚天意、敬畏自然、天人合一的生活理念。

兵团小镇　知青的文化寻根

在国家"上山下乡"的历史浪潮中，一位北京知青从城市来到了草原深处，插队到莽莽原野的生产队中，于是接触到了蒙古族牧民群体，也见识到了草原上令人敬畏的动物——狼。这便是文学作品和影视作品《狼图腾》的开头场景。为了拍摄电影《狼图腾》，剧组专门在草原深处建起了一座兵团小镇，宿舍、商店、医院一应俱全。这片被选中的草原，就是被誉为"天边草原"的乌拉盖。

从地理上看，乌拉盖草原恰好位于元大都也就是现在北京城的正北方向，中国与蒙古国的边界一带，漠南草原的腹地。这里属于典型的内蒙古高原气候，冬季白雪皑皑、寒冽彻骨，夏季满眼青翠、凉爽宜人。

乌拉盖最美的景色在九曲湾，今天人们在小山顶上修建了木制的观景台。站在观景台上俯视草原，河流如同长长的飘带忽左忽右，肆意地在平整的绿野上百转千回，偶尔角度合适，阳光洒向河面，再反射到观景台的人眼，恍惚间仿佛草原上出现了金色的弧线。

乌拉盖这个词汇可能来自一个古老的部落名。这片草原很早就有人类活动，许多古老的民族曾在此狩猎、游牧、捕鱼。这里非常靠近蒙古一代天骄成吉思汗早年生活的区域，因此流传着许多有关成吉思汗在此地的征战故事。

草原深处有一处布林泉，被人传说泉水的发现者是成吉思汗和他的父亲也速该，两人在前往弘吉剌部提亲途中遇到了此泉。因为成吉思汗的妻子是弘吉剌部人，这个部落就活动在乌拉盖草原一带。如今这处珍贵的泉水被后人建起的亭台轩榭围绕起来，旁边还建造了一尊高大的成吉思汗塑像，他骑在前蹄腾空的战马上弯弓搭箭，直指苍天，似乎要把飞过苍穹的金雕射下。布林泉的旁边有一座布林庙，清朝时期香火极盛，曾有僧众170多人。

也许正是由于乌拉盖位于漠南草原的腹地，远离内地，因此这里保留了更多草原传统的文化元素。在前往兵团小镇的途中，我们时不时可以望见一群群的羊儿在草原上如云朵般缓缓移动，旁边一位骑手挥舞着长长的鞭子看护着它们。

兵团小镇虽然是为了影片而建造的，并非旧物，但它却是草原变迁历史的一个写照。在影片中，来到草原的生产大军破坏了草原上的生态平衡，捕杀了狼群的越冬食物黄羊，于是遭到了狼群的报复，人狼大战的结果只能是满目疮痍的草原。

《狼图腾》的故事有与事实不相符合的一面，比如作品中极力歌颂的狼其实并不是蒙古人的图腾，而是更为古老的族群契丹人的崇拜对象；今日的草原牧民对于威胁牲畜的狼也没什么好感，即使没有生产队对于草原生态系统的破坏，牧民与狼群之间也是敌对关系。但是，由于新的生产方式甚至一些违背草原环境规律的生产方式被引入草原，比如在不适合农耕的草原上开垦，在生态脆弱的地区开矿……从环境保护和文化传承角度讲，《狼图腾》具有警示世人的意义。

在过去的那段"上山下乡"的岁月中，也的确有许多知青尤其是北京知青来到草原上生活、生产。所以兵团小镇虽然是近年来修建的，但知青心中的"兵团小镇"却是几十年前形成的，至今仍然是那一代人青春的记忆，兵团小镇给他们提供了寻找自我、反思自我的一处场所。

还未进入小镇，就看到路边栅栏上悬挂着一张大大的海报，一只野性十足的狼正面盯着人们，在狼头下面，有人打马走过。这张《狼图腾》的电影海报提醒人们，兵团小镇马上要到了。

小镇入口停放着一辆解放牌大卡车，通体呈暗绿色，与草原的色调很接近，远看完全融于一体。大卡车是属于那个不太久远的年代的标志，是当时各个单位最重要的交通工具。

这座为了拍摄电影而建设的草原中的小镇其实只有一条主要的街道，街道两旁是充满那个年代色彩的建筑设施，比如宿舍、医院、邮局，走入建筑之中，也是历史感满满，老式的自行车、收音机、画报、海报……不妨在木板长凳上坐一坐，慢慢品味这些时代元素。

很多建筑的外墙上书写着"文化大革命"时期的各种口号。走在兵团小镇的街上，恍惚间穿越回了几十年前，仿佛自己就是那个激情燃烧岁月中的一分子，被时代裹挟着，在茫茫草原中与自然搏斗，与自然和解。

沿小镇街道走到尽头，有一个简陋的马厩，当地牧民正在喂马。这个小小的场所又把游人拉回了现实中，拉回了今日的草原，让人心生感叹："原来那段岁月已经打马走过了。"

其实每一代人来到乌拉盖草原，面对如蒙古长调般绵延的大草原、婉转的九曲湾，最该思索的应该是："我们该如何面对草原？我们想从草原收获什么？"

我们都是精神上的游牧人

通往阿斯哈图石林第一景区的上坡道旁开满了各种颜色的鲜花，迎接着来自各地的游客。夏季草原上到处鲜花遍野，已经审美疲劳的游客们忽略了两旁的斑斓色彩，径直奔向山顶千奇百怪的石林。

最能给人们带来反差美的漠南草原地貌，莫过于阿斯哈图石林了。在蒙语里，阿斯哈图的本意就是险峻的岩石。克什克腾旗的阿斯哈图石林以大面积的高山草甸草原作为自己的辽阔舞台，一排排、一条条灰色的石柱从绿色的"地毯"中拔地而起，挺立于和缓的山岗之上，倔强地伸向苍天，似乎欲言又止。

阿斯哈图石林是克什克腾世界地质公园的标志性园区，堪称世界地质奇观。经过地质学家考察确定，阿斯哈图石林是花岗岩地貌与石林地貌相结合的一个新类型，属花岗岩石林，是目前世界上独一无二的一种奇特地貌景观。

这处石林其实属于大兴安岭的一部分。虽然大兴安岭山区多以高大的乔木覆盖，但当它延伸到克什克腾旗境内时，已经是这条山脉最靠南的区域了，气候和地质条件与北面有所差别，那些寒温带的树木逐渐上位于青青的高山草甸，巨大的花岗岩体因地质作用而隆起，终于裸露于山脊处。如果大兴安岭就像是一条巨龙，那么阿斯哈图石林就是这条巨龙的"脊梁骨"。

只是这条"脊梁骨"并不那么舒适，在石林的两侧，分别是古浑善达克沙地和科尔沁沙地，每年8级以上的大风要刮两个月，狂风卷着沙粒袭来，打磨着"脊梁骨"的外表。于是，如果人们仔细观察就会发现，石林的许多巨石的迎风面都是向内凹陷的，大自然的磨砺让阿斯哈图石林更加具有奇幻色彩。

盛夏时节，阿斯哈图石林游客如织，此情此景提醒人们，当兵团小镇所代表的"激情燃烧的岁月"走入历史，漠南草原已经迎来了一个新的时代。如果说古老的游牧传统的草原是远古质朴时代，大开发、大生产的草原是现代激进时代，那么今天的草原迎来了当代旅游时代。

正如阿斯哈图石林历经风沙洗礼，变得更加动人心魄一样，今天的漠南草原也凤凰涅槃，展露惊艳。漠南草原有着丰富的自然风光，如绿丝毯般缓缓铺开、抵达天际的大草原是广阔的背景板；点缀在草原上的各个湖泊，比如玉龙沙湖、达里湖、岱海等，是从天而降的珍珠；位于草原之中却又与草原迥异的地貌，比如阿斯哈图石林、大青沟、黄花沟等，是草原舞曲中穿插的或高亢、或低沉的呼麦之声。

只是，来到草原的旅者，请一定不要忽略草原上的人们，和他们传承千年的毡房与牧歌。

台湾蒙古族作家席慕蓉曾经这样回忆自己的母亲——

"母亲的故乡在内蒙古昭乌达盟（今赤峰市，笔者注）克什克腾旗，一个遥远的她的孩子们从来没有见过的地方，只听说春天来时草原上会开满花朵，而夏日风过时草香直漫到天际。乡关路远，归梦难圆。而此刻，要经过生死的界限，要终于长眠在温热的南国岛屿上之后，我们的母亲才能重新再回到她的土地上去了吧。

而那是多远多远的一条路呢？"

草青，草黄，雁来，雁往。通往草原的路被誉为"天路"，这不是一条远行的路，这是一条归乡的路，我们都是天涯游子，我们都是精神上的游牧人。

草青，草黄，雁来，雁往。通往草原的路被誉为"天路"，这不是一条远行的路，这是一条归乡的路，我们都是天涯游子，我们都是精神上的游牧人。

黄花沟　鲜花草原

黄花沟景区对于远方客人的欢迎仪式是隆重而且颇具民族特色的。远远望见两骑飞驰奔来，到了近处人们才发现，原来骑手是一男一女，男骑手固然威武，女骑手同样英气逼人，纵马驰骋游刃有余，颇有花木兰之遗风。

黄花沟所在的辉腾锡勒草原正好位于阴山下，这里是花木兰故事的诞生之地。同时，古代四大美女之一的王昭君出塞和亲匈奴，所走的路径很可能也穿越了这片草原。当我沿着木道走入景区蒙古包中时，发现里面悬挂着皮制的昭君出塞画。

景区营地位于海拔较高处，因此虽然是夏季，但气温却很凉爽。从营地到黄花沟山谷并不算远，当我们由摆渡车送入黄花沟山谷中时，才发现这个山中谷地范围很大，而且景观千变万化。沿着木栈道向山谷腹地探索，会发现这里的树木并不伟岸，但胜在姿态万千。也许是因为山谷内地形复杂，光照、风向不定，很多树木并不是笔直向上生长，而是扭曲着自己的身体，以适应谷内的生长条件。

当走过绿草与怪树的世界，游人会进入另一种景观中。黄花沟内的岩石以肉红色的火山岩石为主，在自身结构和外界风化的作用下，巨大的山体岩石出现一条条裂缝，松动的石块滚落，山体由此出现了千奇百怪的形象，人们可以发挥自己丰富的想象力，给这里的怪石赋予或美丽、或凶悍的名字。

克什克腾旗的西拉木伦峡谷。（雅狼　摄）

黄花

空心菜

山茴香

黄花沟有"鲜花草原"的美誉。其实夏季的草原上鲜花盛开，各处都不缺五彩花朵点缀。但黄花沟的鲜花胜在海拔，这里平均海拔超过2000米，山谷中的草地属于高山草甸，在这个寒冷的山梁上，一朵朵小花盛开在溪水两侧，陪伴着红色巨石，别有一番趣味。黄花沟夏季平均气温只有18摄氏度，再加上山谷中有如此美丽的鲜花草原，因此历史上吸引了许多帝王来此消夏，据传北魏开国君主拓跋珪、蒙古大汗窝阔台、清朝康熙皇帝都曾在此地停留。

大青沟 草原向下"剖开"

草原上的夏季中午，阳光还是有点毒，大青沟如同草原上一道巨大的裂缝，给千百年来的人们提供了一处草原避暑胜地。

草原上的沟壑并不罕见。在通辽市科尔沁左翼后旗，科尔沁沙地草原的深处，有一条南北走向的深谷，这就是大青沟。与辉腾锡勒草原高山上的黄花沟相比，这里才是真正的沟，从相对平坦的草原向下"剖开"，而黄花沟本质上是一处山间盆地。大青沟由东西两条沟壑构成，东沟长15公里，西沟长9公里。这条深谷从草原上下陷50～100米，沟顶宽度为200～300米。一条小河从大青沟中流过，滋润着深谷中的植物。

在草原上这一罕见的深沟里，许多珍贵的树种栖身于此，比如黄波罗、水曲柳、核桃楸、白皮柳、蒙古栎、春榆、五角枫、极树等。优越而独特的生态环境也使大青沟受到诸多古代草原民族的青睐，在大青沟附近，发现了包括红山文化、鲜卑文化、契丹文化在内的许多人类遗址，可以想见，几千年来，大青沟的生态条件始终保持得非常好，给植物和人类提供了一处"世外桃源"。

科尔沁左翼中旗的五角枫写生。

乌兰布统的地理面貌与「风吹草低见牛羊」的典型草原风光不同，这里有丘陵和平原，有森林和草地，风光上兼具北国粗犷豪迈的阳刚与南国优雅秀丽的柔美。

树木在草原上是比较稀少的，因此当人口渐多、管理不善时，树林容易遭到破坏。大青沟从古到今树林茂盛，除了自身的优越自然环境外，也与历史上的机缘巧合有关。古代这里曾经是蒙古王公的专属领地，普通民众不得入内。而当近现代来临，王公势力被打倒，公众开始向大青沟挺进讨生活时，又有一些草原强盗曾经长期占据这块易于隐蔽的山沟，公众避之唯恐不及。因此历史上阴差阳错，大青沟的树木就这样被保护了下来，常年树木青翠，溪水潺潺。

二连浩特恐龙公园　恐龙王国

恐龙与草原曾经有个约会吗？

有，也没有。实际上如果我们回到恐龙时代，会发现地球上根本就没有草原！因为草这种植物是在恐龙时代结束后才出现在地球，并在温带地区大肆扩张形成草原的。所以，那种巨大的恐龙徘徊在茫茫草原上的场景，只是幻想，不是科学。

但草原深处真的有恐龙！在二连浩特，古生物学家发现了大量的恐龙化石，包括多个门类，白垩纪的一些主要类型的恐龙，比如鸭嘴龙、角龙、甲龙化石都在这里出土了，其中还有大名鼎鼎的窃蛋龙类恐龙化石。

为什么二连浩特会成为"恐龙墓地""恐龙王国"？也许我们要从二连浩特的地质历史和位置来猜测了。欧亚大陆是一片古老的大陆，在白垩纪的时候，恐龙遍布整个大陆，而位于大陆中部的蒙古高原既温暖又和缓，成为巨大的恐龙的惬意家园，一代又一

代，大量恐龙生于斯，死于斯，它们的一些躯体因为机缘巧合，被掩埋起来，变成了化石。到了白垩纪末期，恐龙遭到了灭顶之灾，高原上再也没有恐龙的身影。此后的新生代，草占据了蒙古高原，大地一片绿色，可惜却没有了曾经的大陆主人——恐龙。

由于具有丰富的恐龙化石，二连浩特围绕恐龙主题，打造了恐龙公园和恐龙博物馆。在今天的草原上追忆昔日的恐龙时代，人们能够了解地球历史变迁的传奇故事，并生发出对于自然的崇敬和对于生命的尊敬。

乌兰布统古战场　历史巨制

乌兰布统，这又是一个以"红色"为名的地方，意思是"红色的坛形山"。这里属于东北方向的大兴安岭和西方的阴山山脉的交界处，是沙地与草原的交界地带。乌兰布统向南就是河北省的承德地区，可谓是漠南草原的最南边界。从乌兰布统向南越过燕山山脉，就可以直抵北京城以及华北平原。

乌兰布统的地理面貌与"风吹草低见牛羊"的典型草原风光不同，这里有丘陵和平原，有森林和草地，风光上兼具北国粗犷豪迈的阳刚与南国优雅秀丽的柔美。

由于地理位置的特殊性，乌兰布统注定要在历史上留下重要的一笔。三百多年前，准噶尔部的噶尔丹与清朝的康熙争夺天下，噶尔丹的骑兵几乎席卷了整个草原，直抵乌兰布统，兵锋已遥指北京城。危急时刻，康熙御驾亲征，率领大军与噶尔丹决战于乌兰布统。对于清朝来说，这几乎是背水一战，如果战败，长

二连浩特的白垩纪恐龙国家地质公园。

城以南也将不保。最终清军击败了准噶尔部军队，进而在几年内将广袤的草原从噶尔丹手中夺取，天下之归属就此确定。

正是由于发生了如此重要的历史事件，今日的乌兰布统草原被称为塞外的影视拍摄胜地，不仅是清朝题材，只要是与草原有关的历史剧，往往都会来到乌兰布统草原取景。

所以，如果要看乌兰布统草原，先带上本历史书，或者在手机上重温一下《汉武大帝》《康熙大帝》这样的影视剧，再看这片草原，心境会完全不同的。

元上都遗址 梦幻故都

在元上都遗址公园入口前，巨大的忽必烈汗坐像俯视着草原，围绕着这位英主，他

的文臣武将和彪悍铁骑也化作了雕像，向两侧展开，气势恢宏。在忽必烈尚未登上大汗宝座之前，元上都就是他的幕府所在地，是他建立元朝的政权核心。

元上都遗址范围很大，我们的摆渡车驶过午后波光粼粼的开都河，直接停在了明德门前面，我们将从明德门走入遗址区。明德门是从御道进入元上都的第一座城门，属于皇城的正南门，位于皇城与宫城的南北中轴线上。虽然城门的券顶已经坍塌，但是人们还是能够从两侧的墙体看出，它是用青砖垒砌而成的。在门外也建有瓮城，如今也已是残垣断壁。

从明德门沿着昔日的御道前行，就到了宫城。宫城是皇帝或曰大汗朝政和起居的活动空间。宫城位于皇城中部偏北处，也是长

航拍元上都遗址（张珺楠 摄）

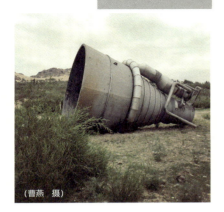

玉龙沙湖景区是电影《后会无期》的拍摄地。

（曹燕 摄）

二连浩特的国界界碑。

兵团小镇上的一景。

元上都遗址。

兵团小镇上的内景，很有时代特色。

（曹燕 摄）

内蒙古磴口县的三盛公黄河水利枢纽，是河套水利建设史上的里程碑。

方形，与外围的皇城组成了"回"字形的城市格局。从残存的遗迹可以看出，宫城东西宽542米，南北长605米，面积约有32公顷。宫城设有三座城门，南面是御天门，与明德门一样，也设有瓮城，元代人有"明德城南万骑过，御天门下百官多"的诗句；东、西两侧分别是东华门和西华门，这两个名称让人联想起元大都即北京城内故宫的东华门和西华门。宫城的北墙并没有设门，而是建造了高大的阙式建筑——穆清阁，于是从中轴线看，宫城从南到北依次是御天门、正中的大安阁和北侧的穆清阁。宫城内的其他建筑因地势而自由分布，如今很多已经被荒草吞没，没了踪影。不过根据史料记载，宫城内还有许多殿阁，宫城四角也建有角楼，与北京城的故宫相似。

其实在元上都的宫城、皇城之外，还有更加广大的外城，所以元上都是一座三重城墙的帝都。由于元朝大汗与贵族是游牧民族，更适应草原的是毡帐而不是汉地的宫阙，因此在皇城与外城之间的草地上，他们修建了很多大帐，供自己居住，具体位置在宫城西北、外城西部。

在外城的外侧，当时的设计师还修建了护城河，一方面是为了防御的需要，另一方面也是因为元上都城池处于湿地的低洼处，容易发生内涝，通过护城河可以将多余的水引流出去，保障城池的安全。

俱往矣，元末反叛的红巾军一路北进，绕过难以攻克的元大都后直扑草原南部防御空虚的元上都，用一把大火烧毁了这座城市。

从那以后，这里就成了遗址，留待后人凭吊。

玉龙沙湖　沙地驼铃

我们的车队抵达玉龙沙湖的时候，已是黑夜，在夜色的笼罩之下，玉龙沙湖向我们隐藏了她的美丽，只剩下黑色的小山，默默地对着我们下榻的集装箱酒店。同行人兴致很高，在小山上点起了烟火，从集装箱酒店房间阳台看过去，深蓝色的天空与暗绿色的大地之间，在黑色的岩石之上，绚烂的烟花在自己短暂的生命中高歌怒放，将旅者的疲惫化作无形。

清晨起身，走到阳台，夜晚隐去的美丽此刻向旅者毫无保留地展现了。玉龙沙湖水面广阔，呈C字形，镶接在碧绿的草地和浩瀚的沙海中间，昨夜黑色的小山在清晨的阳光中，变成了由一块块红色巨岩堆砌的雕塑。

玉龙沙湖最精彩之处在于它的沙。游客可以在这里享受到沙的乐趣，比如驾驶沙地越野车、骑骆驼、滑沙等。意犹未尽之际，我爬上巨大的岩石，俯视从两座岩石堆之间狭窄的沙道中往来的骆驼队，如同欣赏大漠武侠片的场景。

遥想古代，玉龙沙湖作为一处珍贵的水源地，应该是南来北往的草原商客们的歇脚之地。也许几百年前，他们也曾驱赶着骆驼，带着自己的财富梦想，从这两座岩石堆之间穿过吧。

达里诺尔湖　百鸟乐园

贡格尔草原绵延于内蒙古克什克腾旗西部，相比周边地区，这里地势缓和，从地质角度看，是一块内陆的沉降地带。通俗地说就是，地处内陆，四周高中央低。这样的地形决定了贡格尔草原上的降水不会随着河流带向大海，而是会积蓄在这片草原上，形成大大小小的湖泊。

贡格尔草原上最大最美的湖泊就是达里诺尔湖。"达里"是海的意思，而"诺尔"是湖泊的意思，因此达里诺尔湖即"像大海一样的湖泊"之意。

这片"大海"面积200多平方公里，但是拜和缓的地势所赐，湖水很浅，最深的地方不过13米。达里诺尔湖是一个高原内陆湖，依靠周围的一些小河流补给水分，同时湖水

会蒸发而失去水分。日积月累，流水带来的盐分留在了湖泊中，使得这一湖泊的湖水偏咸、偏碱。

茫茫草原中有这样一处大泽，自然会吸引南来北往的候鸟驻足。这里是中国候鸟迁徙路线中十分重要的栖息点，因此有"鸟类乐园"的美誉。站立在湖边，看水面上白天鹅、丹顶鹤、灰鹤、大雁三五成群，划破镜面任意游弋，或抬头望群鸟振翅高飞，婉转啼鸣，恨不能自己也能生出一双翅膀，与百禽共舞于碧波之上。

更为绝妙的是，达里诺尔是水与火的交融世界。在达里诺尔湖以北的台地上，有多达百座因火山间歇喷发而形成的锥状小火山，曾经炽热的火山与如今清澈的湖泊相依相伴在贡格尔草原，这是怎样的天工造化！

五

短章

成吉思汗的灵魂

在草原上

在血液里

成吉思汗陵春祭大典现场。（曹燕　摄）

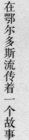

在鄂尔多斯流传着一个故事，相传成吉思汗在征讨西夏时路经鄂尔多斯，见水草丰美牛羊成群，诗兴大发：

「花角金鹿栖息之所，戴胜鸟儿育雏之乡，衰落王朝振兴之地，白发老翁享乐之邦。」

马鞭从成吉思汗手中滑落，他拾起马鞭，顺手插在地上，对随从说：

「我死后就葬在这里吧。」

4月17日，农历三月二十一日，草原显出泛绿的迹象。鄂尔多斯成吉思汗陵，最隆重的成吉思汗查干苏鲁克大祭举行。作为持续八天的祭祀，农历三月二十一日是主祭日，最为盛大。这一天，人们会用九十九匹白马的乳汁祭祀苍天，又称"鲜奶祭"。

查干苏鲁克是蒙古语，意为"洁白的畜群"，蒙古族尚白，白色有纯洁、吉祥之意，畜群是财富的象征，查干苏鲁克大典又名"鲜奶祭"。春季举行这一大祭是由游牧生产方式决定的。春寒料峭，草木尚未复苏，是最容易闹春荒的时节，人们向上苍隆礼祭祀，祈求苍天和祖先保佑人畜兴旺，大地平安。

信仰植根于内心深处

天气预报说西北风6~7级，烈烈风动，天色晴朗。仰望成吉思汗手持苏勒德的跃马雕像英武慷慨，成吉思汗军旗的矛形旗，蒙语称为"苏勒德"（徽标），曾陪伴一代天骄南征北战，每一次出征前都要为苏勒德举行祭祀仪式，作战时将擦拭一新的苏勒德插在战车前。作为重要遗物，苏勒德与成吉思汗的其他圣物一同供奉在成吉思汗陵园内。

九十九级台阶拾阶而上，两侧是用蒙文、汉文、英文、波斯文、日文五种文字雕刻的成吉思汗箴言和重要历史浮雕画面，最著名的一句是："从日出到日落处，皆为天赐吾之大地。"

广播里循环播放这位世界巨人的丰功伟绩，他缔造了蒙古族，他建立的帝国横跨欧亚大陆，他创造了文字，建立了法律……他对世界的贡献是巨大的，世界秩序因为成吉思汗而改变。

公祭还没开始，在成吉思汗陵东侧的阿拉腾甘德尔敖包前，盛装而来祭祀的蒙古人绕着敖包顺时针转圈祈福。老人不少，穿着校服稚嫩的青少年更多。活动可以被组织，但是信仰却植根于内心深处。

很多祭拜者手里拿着牛奶，将牛奶洒向天空和敖包上，接受长生天的祝福，又捡起地上的小石子为敖包添石加岩，将带来的蓝色哈达系在敖包上，双手合十，愿风调雨顺、事事遂意。

成吉思汗陵春祭大典。（曹燕 摄）

祭拜成吉思汗不只是祈福

敖包旁是一群全身雪白的"神马"，叫溜圆白骏，据传受到成吉思汗禅封后，作为苍天神马的化身加以崇拜。平常的日子，神马有专人放养，规定不准印记号，不准剪鬃，不准骑乘，一年四季在草原上自由驰骋。

只有在春祭大典这一天才被牵来，供人朝拜。一见到"神马"，祭拜者立即脱下帽子，低头，双手合十，用蒙古语低语几句，和神马头碰头，心神交汇。祭拜者匍匐在神马前的长明灯下，虔诚地跪拜，神圣而庄严。

跟随祭拜的人流，走进成吉思汗陵的后殿，这里供奉着成吉思汗的遗物和近800年不曾熄灭的祭祀成吉思汗的圣灯。从呼伦贝尔来的孛儿帖带来了酒、牛奶、酥油、果子等祭品，跪拜在供桌前，献上祭品，双手托蓝色哈达，聆听守卫成吉思汗陵的达尔扈特人吟唱的祭文，将圣酒抹在额头或洒向天空或一饮而尽，一家人分享一杯圣酒里真诚的祝福。

对孛儿帖来说，"来这里祭拜成吉思汗不只是祈福，更是对我们蒙古族传统文化的传承"。成吉思汗祭典种类很多，有四时大祭、月祭、例祭、常祭、年祭。四时大祭是农历三月二十一的查干苏鲁克春祭、农历五月十五的淖尔夏祭、农历九月十二的斯日格秋祭、农历十月初三的达斯玛冬祭，其中以春祭最为隆重。成吉思汗祭祀作为蒙古族传统文化的集中体现，被国务院列入"首批国家级非物质文化遗产保护名录"。

公祭在九点正式开始，九十九名身穿白袍的达尔扈特人吟唱颂词，螺号声响起，来自内蒙古各旗代表依次祭拜，走在前面的两位年轻人双手执案敬奉上最尊贵的祭品羊背子，祭拜者跟随，手托美酒哈达，步入大殿祭拜，身处其中者无不肃穆。

成吉思汗后裔的骄傲和自豪

在查干苏鲁克大祭上，最通用的语言是蒙语，五湖四海的蒙古人因为伟大的祖先团聚在一起，他们有些人自称为成吉思汗后裔的黄金家族。黄宏显来自河南许昌，他从小就听父亲说，"宏显，我们不是汉族人，我们是蒙古族人"。这个如同神话般的故事一直紧紧抓着他的心。

直到1997年黄宏显带着黄姓家谱前往内蒙古寻根，内蒙古自治区政协副主席、末代王爷奇忠义告诉他，成吉思汗的正式名字叫奇渥温·孛儿只斤·铁木真，黄宏显的始祖脱脱思是成吉思汗第六世孙，为兵部侍郎，后来委派河南襄阳郡为知府，在元末战乱年间改姓黄。黄宏显说，"每次来到内蒙古，都有一种亲近感和自豪感"，尽管他听不懂蒙语。

在2017年的查干苏鲁克大祭上，还有很多和黄宏显一样散落各地的成吉思汗后裔，来自北京的张静也带来了自己的家谱，言语之间难掩激动和兴奋，来自香港的，来自云南丽江的，来自四川的……不由让人想起成吉思汗著名的那句话："从日出到日落处，皆为天赐吾之大地。"

参加查干苏鲁克大祭是什么感受？成吉思汗陵旅游区文化和旅游局时任局长唐达来和很多人交流过，"特别是第一次参加查干苏鲁克大祭，有人感觉到头顶有一道光闪过"。那是一种犹如醍醐灌顶般的感觉，精神得到了激励和鼓舞，或者说就是能量的汇聚。"到后来，这种兴奋的感觉也许会减退，但是每到祭祀大典，人们习惯性地就想来参加祭拜，因为这种文化的力量已经融入了自己的生活、生命。"

不只是因为祖先成吉思汗是建立丰功伟绩的世界巨人，"我们家有一本成吉思汗法典，

他为我们蒙古族树立了很多规范"。一代又一代地传承，她记得法典中有一句的意思是"杀人者死、骗人者死、破坏环境者死"，所以，也就很能理解，为什么在成吉思汗春祭当中，为什么那么多人看到地上有垃圾，都会无意识地捡起来。"我们蒙古族的生活和自然融合在一起，我们一定要爱护草原，草原养育牛羊，给了蒙古族的一切。"

在成吉思汗箴言中，还有很多朴实深刻的话语：平日歇息时，要像花牛犊般温顺，厮杀交战时，要像饿鹰俯冲般凶猛；创业之始，若不坚守使之牢固，崩溃即在瞬间……这位世界巨人形象其实比人们想象得更加丰富细腻。

成吉思汗祭祀的生态需要保护

融入生活、融入生命的情感就像是深植内心的参天大树。在4月17日的查干苏鲁克大祭上，孩子们很多，有幼儿园的小朋友、小学生、中学生，文化最重要的是传承，在蒙古人唐达来（达来，海的意思）看来，"随着时代发展，蒙古族游牧的生活方式在改变，但孩子们从小在这种庄严的仪式中得到熏陶，更能够理解我们的传统文化，成为融入他血液当中的一种情结"。

传统游牧生活在改变，在成吉思汗陵所在地伊金霍洛旗，近八百年的成吉思汗守陵人达尔扈特人大多居住在伊金霍洛镇上，镇上都是整齐的楼房，唐达来说，"游牧很少了，就算是定居式的游牧也很少了"。

20岁的满达正在跟随79岁的爷爷巴特尔、大伯斯达学习成吉思汗祭祀文化，作为达尔扈特人的后代，满达的家族是专门负责祭祀的

"亚门特"，是守陵人中的贵族。

亚门特有八个，实行世袭制，以家族的形式传承，他们分工十分明确，主持祭祀、筹备祭祀、演奏音乐、唱诵经文……满达的家族属于专门负责祭祀的流程，79岁的爷爷巴特尔德高望重。

满达当时正在内蒙古农业大学学习机电，大二年级，这次春祭是特地请假回家，这一辈只有他一个男孩，作为世袭制的"亚门特"，满达毕业之后将进入成吉思汗陵工作，要学习的东西很多，主要来自爷爷和大伯口传心授。对于这份既定的工作和使命，满达说，"特别神圣"。

而成吉思汗祭祀作为一种非物质文化遗产，最重要的就是要有自己的生存土壤和生态系统，要保护草原传统的生产生活方式。唐达来的想法是，划出八十平方公里的成吉思汗陵生态保护区范围，在这个范围内去恢复游牧的生产生活方式。

达尔扈特人文化生态旅游区也许是一种现实的方式。在这个飞速发展的时代，在伊金霍洛旗成吉思汗陵周围一定区域内恢复游牧生活，"涉及成吉思汗祭祀的祭品羊背子、酥油、牛奶等都应该来自本地，这是文化原生性的表现"。犹如保存成吉思汗精神的火种。

最重要的是，不要庸俗化地理解草原文化和成吉思汗祭祀文化。成吉思汗祭祀是一种体验，神圣而肃穆庄严。

成吉思汗的灵魂无所不在

蒙古贵族有密葬的传统。传说，成吉思汗下葬时，为了保密，以上万匹战马在下葬处踏实土地，一切又恢复原样。传说成吉思汗去世时，取白色公驼的顶鬃，放在成吉思汗的嘴上和鼻子上，灵魂就已经附着在这片白色驼毛上。

"成吉思汗陵，放在蒙语中很好理解，这里是祭祀成吉思汗精神和灵魂的地方，但是汉语理解起来会有一些偏差。"对于年轻一代的孛儿帖来说，"成吉思汗下葬之处是千古之谜，这样也好，那么成吉思汗的灵魂就能无处不在"。

孛儿帖跺了跺脚下的土地，"也许，我们现在就站在成吉思汗所在的地方呢"。谁说不是呢，歌颂长生天、敬畏上苍、赞美大地母亲，天、地、人合一，生生不息地在蒙古族的血液里流淌。

散落又团聚，就像草原上的草籽被风吹向了四面八方发芽生长，在这个春天，五湖四海的人又一次因为成吉思汗团聚在查干苏鲁克大祭上。

（浦峰 摄）

哲里木赛马节

生活在草原上的人

都爱马

赛马节上。（浦峰 摄）

还没去通辽之前，我听说这里的口音包裹着浓厚的大碴子味和锅包肉的黏稠感，通辽距离沈阳只有200公里，1969年划归过吉林省十年，内蒙古人认为通辽是东北，东北人说，通辽明明是内蒙古，大碴子里还有羊肉味呢。

1999年的时候，撤销了地级哲里木盟建制，成立地级通辽市，哲里木，蒙语的意思是马鞍吊带，让人联想到万马奔腾扬起的云烟。

查了一下关于通辽和哲里木之间关系的新闻——通辽要改回原名"哲里木"，我恍然大悟，为什么2017年8月18日在通辽举办哲里木赛马节，这个节日已经连续举办了二十一届，蒙古人是马背上的民族，万马奔腾的云烟还留在科尔沁草原上。

这个节日

哲里木赛马节，从2016年开始在通辽市的各个旗县分别举行，蒙古族朋友阿勇还记得之前统一在珠日河草原度假区举行，就像所有时间对比形成的心理印象一样，阿勇觉得以前更有意思，"比赛特别密集，不像现在半天才一场比赛，过去人更多更热闹"。

珠日河，科尔沁左翼中旗，清代孝庄文皇后的故乡，科尔沁草原腹地。几乎所有最动人、最华丽的部分，都称为腹地吧。

可是在通辽市开发区的那达慕文化园赛马场，太阳无比猛烈地直射，口罩和帽子非常必要，但也不是所有人都装备齐全，比赛也不是非常集中紧凑。

虽然开幕式表演显得有些敷衍，但观众席上人很多，认真地观看一场比赛从头到尾的全过程，中途居然少有人退场，让我有点惊讶，这个活动的群众基础非常牢固。在临近终点的加速时刻，人们纷纷站起来欢呼加油。那一刻，很容易被感染，科尔沁草原上策马扬鞭的激情，呼啸而来。

传统那达慕中，赛马的路线是从这个山头跑向那个山头，青草没过马蹄，牧民们沿途近距离欢呼呐喊。现代竞技性赛马是跑圈，有利于主席台的观众观赛。

（浦峰 摄）

赛道也不是草场，而是沙地，马蹄在腾挪跃起之间有阻力，一场比赛结束后，就会有压土机开过来平整场地，我觉得十分稀奇，毕竟这里距离真正的草原很近。

虽然各个旗县都有分会场，但在主会场的通辽市开发区的那达慕文化园赛马场，还是有各个旗县远道而来的骏马，郭龙和同乡斯勒开着车装着马从距离 200 公里远的科尔沁左翼后旗来，一共来了三匹马，沙漠王、铁骆驼、格格，其中只有铁骆驼是纯正的蒙古马，沙漠王和格格都是半血马，俗话说就是杂交马，蒙古马和阿拉伯马或者汗血马的结合。

蒙古马的体格不大，体质粗糙结实，耐力好。但是腿短，在现代竞技型的赛马中已经不合时宜，为什么，郭龙说，"你看它的腿就不行嘛"，他指着刚刚在 4000 米竞速赛中获得第八名的铁骆驼，相比沙漠王修长矫健的腿，仔细看铁骆驼的腿显得有些笨拙。

哲里木赛马节再也不是以前牧民在草场上庆祝丰收相聚时的追逐和娱乐，赛马现在都是竞速赛，蒙古马换成了半血马、纯血马，"铁骆驼算是蒙古马里最好的了，可还是不行，品种不行"，郭龙叹了一口气。

刚刚赛马结束，骑手拽着它再小跑慢颠了一会儿，刚刚加速比赛过后的马，不能立刻停止脚步。铁骆驼大口喘气，小步慢跑，全身沁出了一层细密的汗珠在阳光下闪闪发亮洇湿成更深的阴影，腹部的汗水汇流而快速滴落。我想起了关于"汗血马"的说法，马出汗时往往先潮后湿，对于枣红色或栗色毛的马，出汗后局部颜色会显得更加鲜艳，给人以"流血"的错觉，因此称之为汗血马。

等马儿的粗喘渐渐平复，脚步停顿下来，主人会用水管喷洗给马降温，当马抖动身体，沿着结实的头颈，细密的水花线条般有节奏地飘洒四周。

郭龙拿来一把草料准备犒劳一下辛苦的铁骆驼，从前天晚上十一点，铁骆驼就没有进食，水也没给喝，主要是担心进食会增加负担影响速度。赛马被严格控制采食量，头伸进了水桶，刚喝了两口，郭龙会赶紧把水桶抽开，草料也是如此，说起来有点苛刻，马儿其实还是渴，也没饱。

骑马是草原少年的必备技能。（雅狼　摄）

「并不只有蒙古族人才爱马啊，生活在草原上的人都爱马」。

比赛结束，也不敢让铁骆驼敞开肚子吃个够，郭龙还是那句话，品种不行，跑不快。这是因为天赋不够，就要后天努力控制体重吗？或者说，蒙古马本身的特质并不适合现代竞速比赛。

以前牧民养的都是耐力好的蒙古马，可是现在要养马的话，为的是跑得更快拿奖，肯定要养半血马或者纯血马，只有速度快的马在竞技场上才有竞争力。

不负众望，半血马沙漠王获得了4000米竞速赛的冠军。它之前在科尔沁左翼后旗的各种比赛中就已经声名鹊起，即使和纯血马同场竞技也毫不逊色。这匹5岁的骏马开始跃入生命的黄金时段，相当于人类20岁的年纪，精力无比充沛。头部小，腿部线条精壮流畅，毛色深棕发亮，汗水洇湿的阴影和深棕色的皮毛融汇在一起。

半血马沙漠王的主人斯勒是典型的蒙古族骑手，憨厚精瘦矫健黑亮，那是长期在草原上驯马才会有的身材，腿部颀长结实。"就是喜欢马，骑上去就觉得特别自由"。从沙漠王还是小马驹的时候，斯勒就开始训练它，每天早上从四五点钟开始，驯马喂料都有一套自己的方法，直到晨曦的光芒挥洒在草原之上。

郭龙是汉族人，他在草原上生活了二十多年，流利的蒙古语应答自如，"并不只有蒙古族人才爱马啊，生活在草原上的人都爱马"，草原上的风会唤醒所有人内心对于自由的向往。郭龙身边亲如兄弟的朋友都是蒙古族人，斯勒就是其中之一，他们也是一起驯马的好搭档，一般是前一天晚上微信里说好，第二天早早地相聚在训练场。

训练场并不是自己家的草场，而是嘎查拥有的一片100多亩的草场，是节庆时牧民举办那达慕的场所，平时的清晨，牧民会来这里驯马，风雨无阻。

不再像以前那样养马了。游牧时代的草原，马是主要的交通工具和运输工具。郭龙所在的嘎查都是定居的牧民，不多的牛和羊都是圈养，十多年前养马还可以用来耕种运输，但是现代农田都是机械化运作，完全用不到马了。马，逐渐退出了现代草原的生产生活。

如今，每家每户的草场也没有很大，能够分到的土地大概100亩，大多数都用来种玉米。郭龙家的院子里养了两匹马、三个牛和二十多只羊，"养马完全是因为有感情"，在感情之外，他养的两匹马，训练它，为了取得好的名次，获得奖金，也是一种务实的期待。

草原上的赛马节，对于成绩优胜者都有优厚的奖金，这对牧民养马是有效的刺激和鼓励。

有时候一匹成绩优秀的马会待价而沽，郭龙猜测沙漠王在巅峰阶段8岁的时候会被卖到20万左右。舍得卖吗？这个问题斯勒笑笑没有回答，郭龙代他回答，"有什么舍不得的，价钱出得高就行"。

这天晚上，沙漠王的晚餐会丰盛一些，斯勒给它的草料里拌了几颗鸡蛋，犒劳它的努力，为自己赢得了两万块钱的奖金。他还决定把两岁的半血马"格格"这个名字改了，小马驹买来的时候十分秀气小巧，才有了这个名字。可明明是草原上勇猛的赛马，怎么能叫"格格"，斯勒说，改成"闪电"！

内蒙古冬季那达慕现场。

微信时代的

家庭那达慕

（浦峰 摄）

我一直着迷于去到草原的"腹地"，腹地，总觉得是最隐秘、活色生香、野蛮生长的部分，这可以让我避免表面化的浅尝辄止。或者换句话说，我只是不想在草原度假区里经历献哈达、烤全羊、篝火晚会或者骑马、骑骆驼、射箭这样清一色的内蒙古旅游三件套，它们好像就在货架上等候被挑选的内蒙古旅游产品可选项。

那天，我从蒙古族朋友阿勇那里得知，他有个叫赛喜雅的朋友（后来我才知道全名为赛喜雅拉图），是通辽小有名气的歌手，要在家乡为父亲的61岁大寿举办一次大型家庭那达慕。他的家乡在扎鲁特旗格日朝鲁苏木（格日朝鲁，蒙语的意思是"蒙古包一样的石头"）宝日胡硕嘎查，那是一片华丽的山地草原。

赛喜雅的经历也很传奇，宝日胡硕嘎查是扎鲁特旗保存游牧传统的几个嘎查之一，有一天他在草原上放羊，唱起了长调，被路过的人听到了，循声来找他，跟他说，你这个嗓子在草原上太可惜了，你应该跟我出去唱歌。

那一年，赛喜雅快20岁了。

这个路人是在通辽开酒店的，赛喜雅跟着他来到了通辽酒店唱歌，过了一个多月，赛

喜雅隐隐觉得，还是应该去进行专业的声乐训练，之后就踏上了专业演唱之路，还拍过电视剧。

听完赛喜雅的故事，我凭直觉觉得，这个家庭那达慕应该会比较有意思，应该没有很多游客吧，应该是在科尔沁草原腹地的一场自娱自乐的狂欢吧。

赶紧联系赛喜雅，电话那头的他完全淹没在一片喧闹之中，我好不容易说明来意，他对着电话大声喊着，你们来吧，我这里信号不好啊，就这么着吧。说完就挂了电话，再打过去，就无人接听了。

我有点懵，赛喜雅，可是你到底在哪里呢，内蒙古的一个嘎查，牧民家庭之间的距离有时候遥远的就有上百里啊。

后来我才知道，在那达慕正式举办的前夜，有篝火晚会还有表演，这可是当地小有名气的歌手赛喜雅举办的那达慕啊，他和亲戚朋友们唱了一首又一首，喝了一杯又一杯。

深夜时分，赛喜雅发来微信，包括他的定位地址和那达慕公告内容。

在风调雨顺、阳光灿烂的八月里，草原五畜兴旺，牧民欣欣向荣。在此之际，生于最美山地草原扎鲁特旗格日朝鲁苏木宝日胡硕嘎查，以《家乡的古神树》、《牧归》、《奥巴的杭盖》等歌曲深受大家喜爱的青年歌手赛喜雅拉图及爱人孟根珠拉、姐姐娜仁图雅、姐夫海林，为庆祝慈父61周岁本历年，阳历2017年8月19日将举办大型那达慕。

届时献上圣洁的哈达等候四面八方而来的那达慕爱好者、摔跤手、骑手。那达慕当天128名年轻摔跤手进行摔跤比赛，同时进行速度马、走马、颠马比赛……

这就相当于是草原上的邀请函吧。一般选择在61岁、73岁、85岁这样的年纪庆祝大寿，蒙古族尊敬老人，草原上流传很多与此有关的谚语："尊敬德高的人，敬爱年老的人"，"对喂乳汁的母亲要敬爱，对教字母的老师要尊重"，"老人的经验教育人，太阳的光辉温暖人"等等。

可是一个家庭举办的那达慕，搏克比赛匹配128名摔跤手。搏克比赛，就是摔跤，蒙古语是结实的意思，"攻不破、摔不烂、持久永恒"。

那达慕的公告还说，搏克比赛的第一名有一万元奖金，赛马第一名有3000元奖金。可见这个家庭那达慕实力非常不一般。

草原上的赛马一般都在清晨举行，我们决定凌晨四点出发，从通辽市出发，沿着S304国道前往扎鲁特旗，开始是暗中有微微的光，然后绯色的光渐渐晕染开，最后是太阳破壳而出、光芒万丈。

景色也从茂密的青纱帐、路边密集的村庄慢慢过渡到起伏的草原、散落的村庄，最后当我们拐进了格日朝鲁嘎查，就是连绵不绝的闪亮的草原，2017年的雨水还算好，八月的草原绿得沁人心脾，是那种可以掐出水来的新绿，远处是波浪起伏的山，宽厚却不高耸险峻，把草原环绕呵护。这就是赛喜雅所说的最美的山地草原，他的家乡到了。

赶了200公里路，早上八点，我们到达了目的地。终于见到了赛喜雅，他赶紧指挥我们：沿着这条路看到岔路，往右拐，很近的地方，他们还在那赛马呢。

我之前认识的蒙古族大爷跟我说，如果一个蒙古人跟你说，很近，那意味着就是十多里地，如果手指着远处说，不远，那就是且远的地方，起码要翻过一个山头……

所以，我实在不敢确信赛喜雅说的"很近的地方"所意味的合理距离，最后我们沿着村口的路走了很远才发现不对劲，根本没有岔

内蒙古冬季那达慕现场。

内蒙古冬季那达慕现场。

路，倒是村口沿着墙根有一条小道……结果我们返回到村口，右拐，和赛马散场陆续回家的人们擦肩而过。

还好没有错过精彩的尾声。走近比赛的草场，隔着围栏，发现原来草有膝盖那么高，参加比赛的牧民一身精干短打，有的穿着蒙古族特色的马甲马裤，头上缠了条明亮的带子。

起点是在一个小山头，那里晃动着一群人影，我当时站在终点处，周围都是欢呼雀跃的人们，有的吹着口哨，有的孩子站在父亲肩头观战，齐膝的草摩挲着双脚，骏马从起点处毛茸茸青绿色的山头飞驰而来，风灌进骑手的衣服里，发梢飞扬，草原上一条跳跃涌动的闪电，追随着风的方向。

跑马好理解，走马不同，指的是能够高速平稳地用快步骑乘的马，厉害的走马都是暴躁的性格，性格急了才走得快，急了又很容易跑，由于经常控制缰绳，马嘴都硬，相当于不断踩刹车。紧急踩刹车的时候，骑手勒住缰绳，马抬起身子，身体跃起绷紧在空中，骑手和马融为一体，这是最紧张的瞬间，凝固成刹那之间的雕塑。

比赛结束，人们陆陆续续退场，开着小车来的，开着皮卡上面站满了人的，骑着摩托来的，骑马来的，大家擦肩而过。什么叫作传统与现代的碰撞和交融，这个画面就是吧。

我注意到每匹马都有属于自己独特的标记，每年春天，格日朝鲁苏木都有打马印、剪马鬃、骟马，这是马文化的一部分。蒙古族人在放牧或者混牧过程中，为了便于区别各氏族

部落之间以及不同大户之间的马匹，逐渐养成了给马匹打印记的习惯，形成了具有马背民族特色的打印记习俗。

据说蒙古族打马印源于 12 世纪，相传成吉思汗为了适应战争的需要，在马身上打印记来代表各部。这种方法既简单又易识别，之后逐渐成为草原上的一个盛会。现在随着牧民饲养马匹数量的增多，打马印又回归到生产生活中来。

格日朝鲁苏木的打马印主要是给两岁马打马印、剪鬃毛，减少马的野性。两岁的马相当于人七岁左右，打马印就是相当于人的开蒙，是驯养马匹的重要手段。

马背上的民族，内心对于骏马驰骋的热爱并没有减少半分，只是时代变迁，草原上的生活方式也在改变。曾经，热爱是生活本身，现在，热爱是以集体性的活动聚焦性迸发出来的热情。

以一场家庭那达慕为核心，在宝日胡硕嘎查的一块空地上，四周团聚了各种小生意，卖烧烤的、卖衣服的、卖玩具的……俨然一个小集市。

一位年长者在主席台前记录送礼人和礼金数额，我很好奇会不会有人送上几头羊，没看到送羊，看到有人送酒。16 岁修长柔美的苏米站在一边准备哈达，她是赛喜雅的侄女，赛喜雅的个人唱片被蓝色的哈达缠绕，送给每一位到场的客人。

赛喜雅的妻子孟根珠拉忙着给小女儿梳辫

打马印。（包曙光　摄）

子，一排小辫子。戴上帽子，科尔沁服装的特点是圆筒帽上一排细密闪亮的珠子，妈妈又整理好女儿额头上的珠子。

这场家庭那达慕的重头戏是搏克比赛，场面盛大，一共有128人参加，分成64对，每次上场有5～6对。四面八方的人慢慢聚拢，以蒙古族的标志苏鲁锭为中心，围坐成一个巨大的圆。

苏鲁锭，矛，长生天赐予成吉思汗的神矛，草原上几乎每个蒙古族家庭门口都竖立着苏鲁锭。

大家围坐成的巨大的圆，是真的很圆，我想起看过的一段对游牧生活的表述，大概的意思是：天是圆的，地是圆的，蒙古包也是圆的……远方的远方，无边无际的天和地接洽在一起，融合在一起，万物有灵，一切都像是圆的、包容的、圆满的。

天空蓝得让人沉醉，伴随着那达慕广播的草原音乐，忍不住跟着哼起来，从德德玛的悠扬到凤凰传奇的欢快。天边偶尔有一团云低低地悬浮着，投下短暂的阴凉，当光穿透云，立

马又是毫无遮挡地直射。

赛喜雅发表了一番讲话后，晚辈给长辈敬献哈达和美酒，61岁的寿星文都苏嬱铄精干，很难将他和老人挂钩。这次因为大寿，8月份就从夏营盘的牧场搬回来了，往年会一直到9月份才搬回嘎查所在的冬营盘准备过冬。宝日胡硕嘎查有一百多户牧民，共同拥有13万亩草场，他们就在这13万亩的天地间迁徙游牧。

一个多星期前，赛喜雅发布的那达慕公告通过微信的传播，在周边各个旗县发布，看到公告的人慕名而来，不仅仅是因为奖金丰厚，"没有一匹马、一个搏克手是我邀请的，草原上的人对于参加那达慕都有天生的热情"。还有一匹从兴安盟参与那达慕的赛马，因为错过了赛马时间，赛喜雅送给骑手500块钱，作为运输马来回的油费。

128个人的搏克比赛开始了，搏克手壮硕得就像是一座座铁塔，特别是那些穿着"卓得戈"（紧身半袖坎肩）的搏克手，卓得戈一般都是用牛皮或者帆布做成，上面有很多铆钉，非常厚重。有的搏克手下身穿肥大的"班斯勒"

搏克比赛。（王金淼　摄）

（花色图案摔跤裤），脚蹬蒙古靴或马靴。

还有不少搏克手的脖颈上佩戴着五色彩绸制作的"将嘎"（项圈），它是搏克手获胜次数多少的标志，获胜次数越多，"将嘎"上的五色彩绸也越多。

孟和都楞就是一个穿着卓得戈、佩戴着将嘎的搏克手，他也是一个慈善家，用自己参加搏克比赛赢得的奖金帮助困难家庭，在草原上美名远扬。

128名搏克手的比赛从早上十点一直持续到下午四点，那个以苏勒德矛为圆心的圆围得密密实实，开车来的、骑着摩托来的，也不知道和清晨观战赛马的人群是不是同一批。

观众席形成了一个非常稳定的圆，六个小时里，几乎没有人来来回回，这个"圆"没有空出一角。大家席地而坐，认真观赛，我好奇的是，难道大家都不饿吗。阿图解释了我的困惑，这个那达慕比赛是不会中间暂停的。他半开玩笑说，来参加那达慕的人早上肯定在家吃过了羊肉，喝饱了奶茶才出发的。

坐在我旁边的小姑娘图雅只有15岁，整个人都洋溢着阳光明朗，马上就要读初三，她和她的小伙伴看得十分专注，比赛僵持或者酣战时伴随着他们一惊一乍的表情，拍手欢呼或者双脚轻轻跺着草地，他们是草原的孩子。

最后的决赛，在几个佩戴将嘎的搏克手之间决出，入场的时候会模拟动物的动作入场，狮子舞步或鹰舞步威武雄壮又有种笨拙的呆萌，都是慢动作，双臂摆动，双脚腾挪，生命最初的原力。分出胜负之后，胜利者会跳着舞退场，有点骄傲，有点洋洋得意。

寿星文都苏为优胜者颁奖，准备了一个巨大的牌子，上面写着冠军获奖金额的数字，有点观看综艺节目的即视感。赛喜雅说，他为父亲的61岁大寿筹备花了12万，还宰了家里的23只羊，是规格很高的家庭举办的那达慕，"我这是感恩父母，也是回馈我的家乡"。

比赛一结束，以苏勒德矛为中心的圆形人群迅速散去，就像是羊群四散，草籽被风吹向草原的深处。

（曹燕 摄）

吴迪的故事
还是要越过沙丘

站在玉龙沙湖山脚下仰望，沙丘的倾斜度并不是很陡峭，那些沙坡上的巨石被夕阳处理成了神秘柔和的剪影。但越过沙丘并不容易，前一脚下去，刚拔出来，后一脚也陷进去了，循环往复，我那天腿疼，一瘸一拐挪到沙坡上更是步履黏稠艰难。眼睛看不见的吴迪是怎么越过沙丘的？

没有路，但是有标识通往音乐会场地的方向，无数玫瑰灯组成的星光小路在沙地上两行摇曳，当我看到在巨石背风的地方搭建的舞台，一轮弯月之间的"听风"，第一反应是你们是怎么把舞台搭建在天地之间、沙丘之上的。

搭建"听风"舞台用了三天时间，有的设备可以用越野车运上去，运不上去的就大家一起抬上去，可以想象那些重量在沙丘上留下的痕迹和刻度。

吴迪早早就到了，眼睛看不见，她是光脚"爬"上来的，迎着夕阳和沙粒的温热。因为之前我就听说过她的事情，看到她静静地坐在一个小板凳上，我走过去和她聊天，我问她爬上来难不难，她说不难。可能是联想到 2016 年第一次参与在呼伦贝尔草原的"听风"音乐会，她想了想又说，"相比沙漠，我还是更喜欢草原，因为草原很平坦"。

平坦的草原没有阻挡，虽然看不见，但是不会有羁绊和冲撞在前方，世界可以去试探、触摸、聆听。

到了"听风"现场后，吴迪换上绿色的传统蒙古袍，穿上靴子，帽子上的珠子在风里轻轻摇摆，她就安静地坐在那里。她的身后有游客正骑着骆驼从沙丘的脊背上走过，有人登上沙丘的高处自拍，那些穿着艳色衣服的人，拍起照来总是更抢眼。

可是这些吴迪都看不见。我建议她坐在地上摸一摸沙子，她说音乐会要开始了，她怕把衣服和靴子弄脏了，那些沙子会无孔不入。

听风儿静静靠近，
听那远去的驼铃，
听是大地母亲的声音，
听是草原的呼吸……

参加"听风"音乐会的还有新艺乐团一群拉马头琴的孩子，排练和正式演出的间隙里，他们脱掉靴子，手挖沙坑越挖越大，最后把自己快乐地装进去。马头琴就在一边放着。吴迪问我，马头琴是什么样子？白松木制作的马头琴，琴头是雕刻的马头造型。我说你可以摸一摸，她说不用了。

她又问我，他们的马头琴就那么放在沙地上吗？"不是，马头琴都是用琴盒装的。"

我后来才知道，吴迪也有一把马头琴，她不会拉，但是"我每天晚上都抱着它睡觉"，我不知道这句话的真实性，但是显然它被赋予了某种精神上的寄托。

2016年第一届"听风"音乐会，吴迪被称为"听风"女孩，她演唱的那首同名歌曲《听风》清灵婉转，如同草原上吹过的风的精灵，"听，风儿静静靠近，听，那远去的驼铃，听，是大地母亲的声音，听，是草原的呼吸……"在网络上也收获了很多的赞声和鼓励。

"就像是母亲的抚摸一样"，吴迪说起"听风"对她的感受，站在草原上歌唱，有风吹过，听见风吹过。几年前，母亲去世，母亲以前喜欢听草原歌曲，这一点也影响了吴迪。

吴迪是武汉人，生于一个普通家庭，"我以前非常自卑，因为'听风'，我感觉自己变得越来越坚强了"。我不知道这二者之间是否有明确的因果关系，众人面前的乐观爽朗是一面，一个人独处时会面对真实的自己。

我能感受出吴迪对生活的热爱，她总是抿紧嘴唇，显得坚强而倔强，"最近学习按摩，感觉很累"，"好像盲人只有按摩这一条出路……"我并不知道怎么安慰她，"从某种意义上说，每个人都是孤独无助的"。这么跟一个21岁的对远方充满向往的盲人姑娘说，似乎很鸡汤而无力。

可以肯定的是，因为"听风"，吴迪的生活有了一个支点，她所有的朋友圈都是转发内蒙古旅游的内容。因为"听风"活动，她还认识了一个非常棒的大哥哥，"他就像我的亲哥哥一样对我好"。那个大哥哥最近还在努力帮她找一个能教她马头琴的老师。

2016年，吴迪从武汉第一次来到内蒙古，这之间的空间距离对她而言十分遥远，因为妈妈，也因为"听风"，种下的热爱内蒙古的种子开始扎根，"这里非常辽阔，更重要的是，内蒙古人非常豪爽"。

我突然能够理解，"听风"活动给了吴迪一个向往的温暖的远方。在武汉的夜里，那些抱着马头琴入睡的时间，给过她一些温暖和安宁吧。

（马超 摄）

第二届"听风"音乐会，因为有马头琴李波大师，吴迪显得有些兴奋。她纠正我对于马头琴和大提琴音色接近的误解，也不能接受任何人对于现场的批评，"你不知道拉马头琴有多难""我最喜欢马头琴的声音，它的音域就像草原一样辽阔"。吴迪还说，"李波大师是我的男神"，她熟知李波大师拉过的众多曲子，"你眼光不错啊，李波老师很帅的"。我告诉她。

第二届沙漠"听风"音乐会的主题是"传承"，李波老师的马头琴、查干夫老师的长调、蒙古小伙曙光的呼麦，在内蒙古大地上代代相继。

吴迪这一次会演唱《听风》，还会和那些拉马头琴的孩子们合作一曲，中间有主持人问

她，上一次"听风"在草原，这一次"听风"在沙漠，感觉会有什么不同？吴迪显得有点紧张，在她看来，两者不分伯仲，但她毕竟是一个乖巧的孩子，揣摩着主办方的心思来回答，结果还是词不达意。

音乐响起来，《听风》的旋律响起，玉龙沙湖黝黑神秘的脊背和轮廓下，吴迪安静地站在那里，在自然的怀抱里唱歌，天空星河灿烂，晚风送来清爽，"就像是母亲的抚摸一样……"

当李波大师和新艺乐团十几个小朋友合作一曲《嘎哒万马奔腾》时，"听风"音乐会达到高潮和末梢，热闹渐渐散去。沙漠里的温度流失得很快，观众迅速退场。我想，吴迪还是要沿着那条没有路的路，越过沙丘，一步一步走出去。

听风

乌兰牧骑往事

草原上的文艺轻骑兵

77岁的罗佈桑扎木苏安静地坐着，交换着左右手，无意识地轻轻叩击桌面，节拍配合着他哼出的阿萨尔旋律，他有着一张典型的蒙古人的脸，宽阔中带着温和。有时候，罗佈桑扎木苏闭目神思，不知道他在想什么，也许是在想，他家乡金莲花盛开的夏季牧场，草儿油亮，锡林郭勒草原上羊群朵朵，天高地阔，生命灿烂。

阿萨尔，蒙语"至高无上"的意思，"高贵、神秘"是罗佈桑扎木苏小时候第一次听到阿萨尔的感觉，他母亲会很多乐器，蒙古筝和笛子是最擅长的，马儿的嘶鸣、草儿的摩挲、鹰击长空的锐利、划破苍穹的雷鸣、万物生长的声音都在母亲弹奏的那些抓人的神秘的旋律里。

700多年前盛行于内蒙古高原的阿萨尔，血统高贵，最开始一般在王宫宴会、重大庆典上演奏，马头琴、四胡、蒙古筝、三弦、笛子等乐器演奏，同时还伴有呼麦、舞蹈，阿萨尔在传承过程中在高贵神秘之余，宫廷乐曲与民间乐曲结合，更多了一分草原游牧生活中烟火味道的细腻婉转。

罗佈桑扎木苏1959年初中毕业的时候，因为出色的笛子演奏被选入正蓝旗乌兰牧骑，乌兰牧骑，蒙古语意为"红色的嫩芽"，后被引申为"红色文艺轻骑兵"，是适应草原上地广人稀特点而诞生的文化工作队，一个月工资24元。因为喜欢阿萨尔，后来跟随民间艺人巴佈道尔吉，向老人家认真学习祖传四胡的十多种阿萨尔音乐演奏手法。

当时乌兰牧骑有13个队员，领头的是一辆三匹马拉着的马车，乐器和生活日用品捆绑在上面，一个人驾车，12个人跟在马车后面走。在正蓝旗38个嘎查巡回演出，天高地阔的草原上，以步行的距离丈量，走一圈就是一年的时间。

我很好奇，为什么大家不骑马呢？罗佈桑扎木苏笑了，在特殊年代，草原上的马也是被集体管理分配的。直到1971年情况才得

马头琴制作细节。（王金淼 摄）

到一定改善，乌兰牧骑给每个队员一人分了一匹马，还出于安全考虑给每个人发了枪。1975年，有了一辆解放牌大汽车，环境得到了根本改观。

一个乌兰牧骑13个队员，"一个驾马车的，一个管后勤的，一个请假的，一般也就十个人撑起一台晚会"。多数人都是多面手，一专多能，罗佈桑扎木苏既要吹笛子，又要拉四胡，后来还学会了手风琴，不时还被临时救场上台跳个舞，他说自己跳得不好，但是牧民对乌兰牧骑满心期待和热烈的掌声，一辈子也忘不了。

"草原上地广人稀，一般一个小嘎查三户，大一点的嘎查也就五户，我们到了一户牧民家之后，主人就骑马去临近的牧民家通知，一般相距都有几十里。有的牧民非常喜欢我们的节目，我们的队伍走到哪，他就跟到哪，一般会看三次，怎么都不厌烦。"不过，到了20世纪60年代，阿萨尔音乐表演得少了，"阿萨尔音乐

属于宫廷音乐，是属于帝王将相的音乐"。

乌兰牧骑的节目保持着文艺先锋队的敏锐，不断与时俱进，"长在红旗下的孩子"罗佈桑扎木苏创作出了《美丽富强的正蓝旗》、《幸福的源泉》等歌曲，欢快昂扬，就像是草原上的马儿轻快地飞奔，河流向着远方流淌。

罗佈桑扎木苏记得1961年，有一次长达96天的下乡巡回演出，一走三个多月，和牧民打成一片，放牧啊，砌羊圈啊，洗羊啊，给羊打药啊……什么事情都干，"我们本身就是牧民嘛，这都是我们最熟悉的事情"。当时队员在牧民家寄宿，吃喝都在一起，"乌兰牧骑规定我们一顿白面要交一毛五，一顿粗粮是八分钱，牧民说什么都不肯要，我们就把钱悄悄塞在蒙古包的坐垫下，哎哟，那个时候的人真的是很淳朴哟"。

71岁的殷珠色，20世纪60年代求学于中央戏剧学院，"文化大革命"中断了他的话剧

经常说蒙古人粗犷豪迈，
却不知道蒙古人情感细腻、
善良多忧的一面，
草原上的歌可都是慢歌，
你可以听听蒙古长调民歌。

梦，谈及往事，他爽朗大笑，"要不然我肯定会成为国家一级话剧演员"。1969年回到内蒙古之后进入乌兰牧骑工作，那个时候他才真正接触马头琴，现在他在内蒙古正蓝旗"阿萨尔"原生态艺术团演奏马头琴。

对于原生态，青年时期的殷珠色已经有了自己的理解和领悟，听到老一辈内蒙古民间艺人用马头琴拉起阿萨尔，"很稳很神秘的感觉，就感觉那个曲调啊一直在草原上空回荡，最后到达了一个没有人烟的地方，感觉就像是神仙一样"。

殷珠色后来也沉浸在这种很稳很神秘的感觉里，心理状态和声音的状态是一致的，听到草原上的民间艺人唱起那长调，眼睛闭上，就能感觉到跟随那悠扬的曲调，"过了一座山又一座山，翻了一道梁又一道梁，心里特别安定"。有一首内蒙古民歌《雄鹰》，雄鹰展翅，翱翔于苍穹，"那个不得了，那个音突然就高昂上去，然后又稳了"。雄鹰在草原上空平稳地滑翔。

蒙古族最具草原特色的就是牧歌、思乡曲、赞歌、宴歌和婚礼歌。蒙古族统称它们为"乌日图音道"，意思是悠长的歌，汉译为"长调"。长调民歌富含草原无形的灵性，是蒙古族心灵的完美展示，没有长调民歌，草原将失去它的灵性和美的魅力。

还有曾经在内蒙古失传了半个世纪的呼麦，又称为"浩林潮尔""潮尔啉哆"。"潮尔"是和声之意，"哆"是歌的意思，"浩林"是喉咙或喉部的意思。这一和声歌唱的形式，其低声部就是"潮尔"。呼麦是蒙古族古老的民族复音唱法的歌唱形式，呼麦也可解释为"喉"，是喉音演唱艺术。一人同时唱出高、中、低的三个声部，形成罕见的多声部形态，是目前世界上独一无二的奇特"喉音艺术"。

曙光十年前去蒙古国学习呼麦，那时候他只有120斤，当时老师看到他瘦弱的样子就说，唱呼麦可没有这么瘦的啊。曙光今年33岁，已经是典型的蒙古大汉了，腰腹已经浑圆。老师告诉他，当你站在草原上，有风的时候，把嘴张开，变换口型，你就能听到那种"呼"的声音，深沉有力，与草原上的风有着强烈的共鸣。还有草原上各种生灵的声音，马的嘶鸣、羊群出栏、雄鹰疾驰……

学呼麦时，学"沙哈"可以学绵羊叫，学"依斯和列"的时候就学山羊叫，学"哈日和拉"的时候就学牛叫。沙哈、依斯和列、哈日和拉都是各种类型呼麦的名称。曙光说，呼麦到目前为止共整理出十几种类型，有单纯的低音呼麦，也有带和声的哨音呼麦。有些种类声音很接近，不懂呼麦的人可能听不出其中的差别，只有会唱的人才知道发声方法和声音的微妙差别。不过，并不是所有人学呼麦的时候都模仿过动物的叫声，现在的呼麦教学已经学院化。

罗佈桑扎木苏和殷珠色现在都在内蒙古正蓝旗"阿萨尔"原生态艺术团，团员多是当年从事过文艺工作的乌兰牧骑老同志，如今，罗佈桑扎木苏是内蒙古自治区非物质文化遗产项目"阿萨尔音乐"代表性传承人，演奏四胡，他也被认为是"内蒙古乌兰牧骑的奠基者"，的确，他是草原上第一代文艺轻骑兵先锋队。殷珠色专职演奏马头琴，他们经常合作演出"阿萨尔"，"有些年轻人都没听过，他们也觉得这是个好东西"。殷珠色觉得，"传统音乐这几年又有了一些回归，这是好事"。2004年，殷珠色还在当地蒙古小学开设了马头琴音乐课，有点像兴趣班，教了4年，出了7个马头琴专业的大学生，殷珠色觉得挺骄傲的。

"为什么现在内蒙古好的民族音乐创作不出

来了，因为没有那个环境，长调口哨就是骑在马上吹出来的。"殷珠色的理解是，内蒙古原生态音乐就是诞生在马背上的音乐。长调口哨是骑在马上吹出来的，那时候每户牧民都拥有辽阔的草场，人在大自然的怀抱里，风声、雄鹰展翅、马蹄阵阵、一场雨后草原上的花香鸟鸣……人与人之间的距离遥远，如果一个牧民告诉你，他的邻居就在旁边，那就是相距十多里。如果一个牧民指着不远处告诉你，就在那里嘛，那就意味着相距几十里……所以相聚才那么珍贵，牧民们才那么喜欢乌兰牧骑的演出。

而现在，草场都围上了围栏，放牧的大多是中老年，骑马也多被骑摩托车取代，今年的草原大旱，"以前草原上经常下雨的，那个草长得好啊，人走进去都看不见了"。殷珠色也不知道将来会怎么样，现在的娃娃都去城里打工了，放牧的人越来越少了。他问，"20年以后，还会有游牧生活吗？"

"那个时候根本不需要扩音器，声音传得远远的。"殷珠色再次回忆起20世纪70年代乌兰牧骑在草原上的演出，"最好的是在夏天傍晚，一场雨过后，也不需要什么舞台，天边一道彩虹，漂亮得很。选一个稍微高一点的岗，声音的穿透力太好了，能传得远远的，好像有回音一样。空气新鲜得不得了。"我能感觉得到，殷珠色在回忆的草原上意犹未尽。

大兴安岭（潘峰 摄）

图片摄影（排名不分先后）：

　　　　赵兰富　张珺楠　向崎钢　包曙光　宝　音

　　　　戴　炜　马　超　浦　峰　曹　燕　Thomas

　　　　宋大为　赵田路　沈昌海　王雄伟　任志明

　　　　雅　狼　王金淼　哈斯巴根等

封面供图：赵兰富

手绘插图：芦妍菲

项目策划：中青旅联科（北京）公关顾问有限公司